저절로 눈을 뜨는 리딩 영문법
JESUS ENGLISH

JESUS ENGLISH

저절로 눈을 뜨는 리딩 영문법

Part 1

초판 1쇄 인쇄 : 2016년 9월 30일
초판 1쇄 발행 : 2016년 9월 30일

지은이 : 류 명, 임해영
펴낸이 : 채주희
펴낸곳 : 엘맨출판사
출판등록 제 10호-1562(1985.10.29)
서울특별시 마포구 신수동 448-6
TEL : 02-323-4060 FAX : 02-323-6416
디자인 : 양연우(야호기획) T. 032-517-5234

공급처 : 미래클영어스쿨
주소 : 인천광역시 부평구 길주로 623 대덕리치아노 1203호
TEL : 070-4113-2000 FAX : 032-438-0001
메일 : meracle05@naver.net

이 책은 저작권법에 의해 보호를 받는 저작물이므로
무단전재와 무단복제를 금합니다.

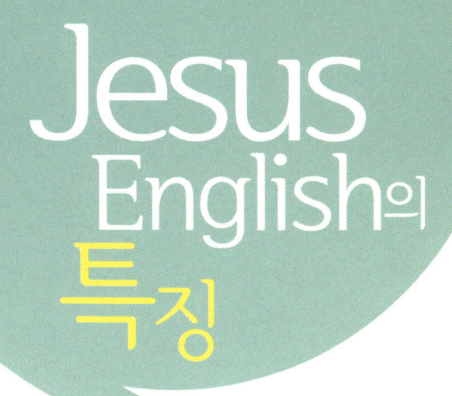

교사 연수용 교재

이 책은 교사연수를 목적으로 별도 발간하였으며 본문에 '**주어 표시**'가 생략되었음을 알려드립니다.

● 교사 연수 안내 ●
일시 : 매주 토요일 오후 2시, 7시
장소 : 미래클 연수실 (지하철 7호선 굴포천역 7번출구)
상담 : 070-4113-2000   fax : 032-438-0001

1. **신약성경에 기록된 4복음서를 시간대별로 한권에 …**
   신약성경에 수록된 마태복음, 마가복음, 누가복음, 요한복음을 예수의 생애를 따라 한 권으로 묶어놓은
   『한 권으로 읽는 복음서』(김 중기 엮음. 도서출판 참가치 발행)를 바탕으로 영어로 재편집하였습니다.

2. **'NIV'영어성경과 한글판 '쉬운 성경'을 Text로 …**
   원어에 충실한 NIV(New International Version)과 함께 학생들의 눈높이에 맞춘 '쉬운 성경'을 text로 삼았습니다.

3. **영어의 초보자도 쉽게 쉽게 읽도록 …**
   1) 주어는 밑줄로 동사는 고딕으로 표시하였습니다.
   The light **shines** in the darkness, but the darkness **has** not **understood** it. (요 1:5)

   2) 주어, 목적어, 보어로 쓰이는 명사절을 [ ]로 분류하였습니다.
   [Whoever **believes** in the Son] **has** eternal life. (요 3:33)

   3) 형용사절로 쓰이는 관계대명사절과 관계부사절을 은 ( )로 분류하였습니다.
   The true light (that **gives** light to every man) **was coming** into the world. (요 1:9)

   4) 각종 부사절은 < >로 분류하였습니다.
   <When the Lord **learned** of this>, he **went back** once more to Galilee. (요 4:3)

   5) 성경고유단어는 뜻과 함께 한글발음을 표기하였습니다.
   Bethlehem/**베**슬리헴/; 베들레헴   Galilee/**갤**럴리~/; 갈릴리
   Gennesaret/거**네**서렡/; 게네사렛 호수   Nazareth/**내**저뤄스/; 나사렛
   Abraham/**에**이브뤄헴/; 아브라함   David/**데**이빋/; 다윗

   6) 각 절마다 상세한 문법 설명을 달아놓았습니다.

   7) 막힘없이 읽도록 각 절마다 최대한 많은 단어를 정리하였습니다.

4. **성경고유단어와 동사 및 숙어를 별도로 …**
   Jesus English 1권에 쓰인 성경고유단어 및 수능과 연계되는 동사 및 숙어를 별도로 정리하여 수록하였습니다.

5. **문법문제와 함께 Q·T를 수록한 Work Book을 별책으로 …**
   성경을 읽으며 영적인 세계에 눈을 뜰 뿐만 아니라 중·고등학생들의 내신 및 모의고사, 수능성적, TOEIC에 대비할 수 있도록
   문법문제와 함께 Q·T를 수록한 Work Book을 별책으로 구성하였습니다.

6. **미래클영어스쿨은 '깊은 신앙·높은 지성'의 목표 아래 다음세대를 위한 영어교재 개발에 힘쓰겠습니다.**

영어학습의 Good News
Jesus English

수년전, 연세대학교 연합신학대학원에서 기독교윤리학을 수학하던 저에게
지도교수이시던 김중기 목사님께서 저서 한 권을 선물로 주셨습니다.
4권의 복음서를 사건 순으로 엮은 '한 권으로 읽는 복음서'였습니다.

일목요연하게 편집된 책을 읽으며 '예수'를 새롭게 발견할 수 있었습니다.
반복하여 읽고 읽어가던 중,
오랫동안 중·고등학생들에게 영어를 가르치던 경험을 살려
영어성경으로 재편해, 예수그리스도의 말씀을 전하고 싶은
간절함이 싹트기 시작했습니다.

복음서에 나타난 기적을 떠올리며 '미래클'로 명명한 연구소를 설립하고
경인여대에 영어 교수로 재직 중인 임 해영 집사님과 함께 작업에 착수하였습니다.

연구소로 이어지는 굴포천 새벽길을 걸으며 부르짖곤 했습니다.
"이 땅의 젊은 영혼들이 예수 그리스도를 만나게 하옵소서"
"한국 교회의 미래가 살아나게 하옵소서"

미래세대 영혼들이 'Jesus English'를 읽으며
영적인 안목을 열고 학업증진의 놀라운 기적을 체험하길 바래봅니다.

하나님께 모든 찬송과 영광을 올리며
소중한 연구서의 사용을 허락하신 김 중기 목사님과
저술에 함께 하신 임 해영 교수님께 거듭 감사를 드립니다.

미래클영어스쿨 대표 **류 명**

한국교회의 미래
중고등부, 대학부의 부흥을 위한
신선한 복음서

먼저 뜻 깊은 책의 출판을 축하드립니다.

'Jesus English'라는 제목만 보아도 영어를 공부하는 크리스천 및 예비 크리스천 학생들에게 도움이 될 수 있을 것으로 생각됩니다.

예수님의 생애를 기록한 복음서를 영어로 읽어가며 한절 한절마다 상세하게 풀이한 문법 설명을 참고하면 깊어가는 신앙과 더불어 영어실력이 크게 늘어 갈 것이라 믿어집니다.

영어교재를 연구·출판하는 미래클영어스쿨의 류 명 대표는 연세대학교 연합신학대학원에서 기독교윤리학과 목회신학을 전공하였으며 학부 전공인 영문학을 살려 오랜 시간 중·고등학생들에게 영어를 지도해 온 한국 기독교계의 유능한 인재입니다.

영어 교육학을 전공하신 임해영 교수 또한 자신이 직접 저술한 20여종의 TOEIC 및 vocabulary교재로 연세대학교와 경인여대에서 학생들을 지도하며 실력을 인정받은 출중한 학자입니다.

두 분께서 오랜 시간 정성을 다해 엮어낸 예수님의 살아있는 진리의 말씀이
독자들의 영혼을 울리고 어학실력을 증진시켜 줄 것이라 확신합니다.

귀한 책의 발간을 축하하면서 한국교회의 다음 세대인 중고등부와 대학부의 부흥을 위한
신선한 도구로 쓰임 받기를 기원합니다.

2016년 9월

연세대학교신학대학원장
유영권 교수

CONTENTS
JESUS ENGLISH

1주차

1. 책을 펼치며 _ 12
2. 예수는 누구인가 _ 17
3. 예수의 탄생과 나사렛의 유년시절,
   그리고 선교준비 _ 25

2주차

세례요한의 출생 예고 _ 28
예수 탄생에 대한 예고 _ 35

3주차

세례 요한의 출생 _ 50
예수의 탄생 _ 58
큰 기쁨을 먼저 목자들에게 알리다_ 61
동방박사들의 경배 65

4주차

아기 예수의 정결예식 _ 72
애굽으로의 피난 _ 79
성전을 방문한 소년 예수 _ 83

Jesus English를 위해 수고하신 분들...

지도목사 : 최규성 (나루교회) 예장통합·서울노회

자문위원 : 김정애. 이기혁

지 은 이 : 류 명. 임해영
삽   화 : 류동주. 임현진
자료정리 : 김나경. 임성미

디 자 인 : 양연우. 조상호
           야호기획 www.yahoad.com
           T. 032-517-5234

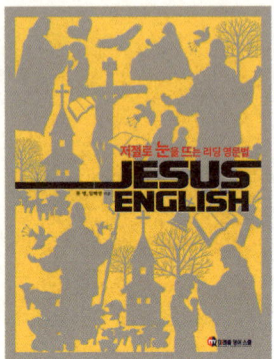

5주차

세례요한의 활약 _	90
세례요한의 정체 _	95
세례를 받다 _	97
시험을 이기다 _	99
세례요한의 증언 _	103

6주차

4. 갈릴리 예수   **107**

첫 선포	110
예수의 계보	113
처음 제자들을 부르다	119
빌립과 나다나엘을 부르다	128

7주차

가나의 혼인잔치	134
니고데모와의 대화	139
세례요한의 후기 전도 활동	146
세례요한이 투옥되다	151

8주차

사마리아 여인과의 만남	154
갈릴리로 돌아오다	169
왕의 신하의 아들을 고치다	170

9주차

선교 이념을 선포하다	176
시몬 장모의 열병을 고치다	182
각종 병자들을 고치다	184
한적한 곳에서 기도하다	186
나병환자를 고치다	188
중풍병자를 고치다	191

10주차

세리 마태를 부르다	198
새 포도주는 새 부대에	201
베데스다 못가의 병자를 고치다	204
첫 번째 안식일 논쟁	207
예수의 담대한 주장	211

11주차

아버지의 증언	218
안식일의 주인	224
안식일에 손 마른 사람을 고치다	228
많은 무리를 치유하다	232
열두 제자를 임명하다	234

Jesus English 1권에 나오는 동사	238
Jesus English 1권에 나오는 동사	240
성경용어	244
성경지명	245
성경인명	246

JESUS ENGLISH

1주차

많은 사람들이 예수를 만났었고
바라본 예수를 기록하여 후대에 전하려고 했습니다.

'Jesus English'는
예수의 삶을 기록한 마태, 마가, 누가, 그리고 요한복음을
한 권으로 묶어 시간순서대로 엮어놓은 책입니다.

성경을 읽는 것은

예수를 아는 것이고
새로운 시각으로 세계를 해석하며
영적인 눈을 뜨는 것입니다.

누가가 쓴 복음서의 서문으로 책을 시작하겠습니다.

성서를 통하여 영어를 배우며, 더 나아가
예수그리스도를 만나
지혜와 영성의 기쁨을 얻을 수 있기를 바래봅니다.

책을 펼치며
누가 1:1-4

01

Many **have undertaken** to draw up an account of the things (that **have been fulfilled** among us),

- many; 많은 사람들
- draw up an account of ~; ~ 이야기를 엮다.
- among~; ~ 사이에
- undertake~; ~을 시작하다
- fulfill ~; ~을 성취하다

- many는 대명사로 동사 have taken의 주어다.
- that은 형용사절(우리들 가운데 성취된)을 인도하는 관계대명사로 선행사 the things를 수식한다.
  주격관계대명사 뒤에는 주어가 생략된 불완전한 문장이 온다.
- have been fulfilled는 현재완료수동태다.
- among은 전치사로 목적어는 us다. among 뒤에는 반드시 복수가 와야 한다.

02

just <as they **were handed down** to us by those (who from the first **were** eyewitnesses and servants of the word)>.

- as; ~한 대로
- those who ~; ~하는 사람들
- servant; 종
- be handed down to ~; ~에게 전해내려 오다
- eyewitness; 목격자

- as는 종속접속사로 부사절(그것들이 ~한 사람들에 의해 우리에게 전해 내려온 대로)을 인도한다.
- who는 주격관계대명사로 형용사절을 인도한다.
  이 형용사절(처음부터 말씀의 목격자이며 종이었던)은 선행사 those를 수식한다.
- and는 등위접속사로 동사 were의 보어 eyewitnesses와 servants를 연결한다.

03

Therefore, <since I myself **have** carefully **investigated** everything from the beginning>, it **seemed** good also to me to write an orderly account for you, most excellent Theophilus,

- therefore; 따라서
- carefully; 자세히
- from the beginning; 처음부터
- account; 기술, 설명
- since; ~ 때문에
- investigate ~; ~을 조사하다
- seem ~; ~인 것 같다
- Theophilus/씨아펄러스/; 테오필러스, 데오빌로

- myself는 재귀대명사로 주어 I를 강조한다. 강조 용법의 재귀대명사는 생략 가능하다.
- beginning은 명사로 전치사 from의 목적어다.
  *동명사에는 관사를 붙일 수 없으므로 주의해야 한다. 동명사는 부사의 수식을 받는다.
- orderly(순서에 따른)는 형용사로 명사 account를 수식한다.
  *명사 뒤에 -ly를 붙이면 형용사가 되고 형용사 뒤에 -ly를 붙이면 부사가 된다.
- you와 most excellent Theophilus(데오빌로 각하)는 동격이다.

04

<so that you **may know** the certainty of the things (you **have been taught**)>.

- certainty; 확실성

- , so that may ~ 는 결과표시 부사절을 인도한다.
  ', so that you may know of the certainty of ~' (그래서 너희가 ~을 확실하게 알 수 있도록)
- things 뒤에 형용사절(너희가 지금까지 배운)을 인도하는 목적격 관계대명사 that이 생략되었다.

JESUS
ENGLISH

예수를 아는 것은
삶과 더불어 세계의 깊이를 알아가는 것입니다.

예수는 누구인가에 대한
다양한 해석이 있었습니다.

성인으로 지혜자로, 또 누군가는
로마의 압제에서 유대를 해방시키려했던 정치가로
바라보기도 했습니다.

예수를 알기 위해 **복음서**로 돌아가야 하겠습니다.

성경은 예수를 누구라고 말하는가?
온 몸의 귀를 열어
들어보아야 하겠습니다.

예수는 누구인가
요한 1:1-5

01

In the beginning **was** the Word, and the Word **was** with God, and the Word **was** God.

- be동사 was는 1형식(~이 있었다)과 2형식(~이었다)으로 쓰일 수 있다.
  처음 두 was는 1형식동사(~이 있었다)이고 세 번째 was는 2형식동사(~이었다)이다.
- and는 등위접속사로 문장과 문장을 연결한다.

02

He **was** with God in the beginning.

- in the beginning; 처음에

- was는 1형식동사이다.(그는 하나님과 함께 있었다)

03

Through him all things **were made**; without him nothing **was made** (that **has been made**).

- through~; ~을 통해서

- through ~는 전치사로 목적어는 him이다.
* 전치사는 항상 목적어를 필요로 한다. 전치사의 목적어 자리에는 명사나 대명사나 동명사가 올 수 있다.
- 수식어와 피수식어의 분리, 주부 nothing (that has been made)가 술부 was made보다 길기 때문에 선행사와 관계대명사절을 분리시킨 것이다. (만들어진 어떤 것도 그가 없이 만들어진 것은 없었다)

04

In him **was** life, and that life **was** the light of men.

- 도치, In him(부사구) **was(동사)** life(주어) (그 안에 생명이 있었다)
- 첫 번째 was는 1형식동사이다.(있었다)
- that(그 ~)은 지시형용사로 주어인 명사 life(생명)를 수식한다.
- 두 번째 was는 2형식동사이다.(이었다)

05

The light **shines** in the darkness, but the darkness **has** not **understood** it.

- but(그러나)은 등위접속사로 두 문장을 연결한다.
- has not understood ~(~을 이해하지 못했다)는 현재완료로 '과거부터 현재까지'를 의미한다.

예수는 누구인가
요한 1:9-14

09

The true light (that **gives** light to every man) **was coming** into the world.

- 3형식으로 쓰인 give는 'give B(사물) to A(사람) (B를 A에게 주다)' 가 되고
  4형식 give는 'give A(사람) B(사물) (A에게 B를 주다)'가 된다.
- every 뒤에는 반드시 단수가산명사가 와야 한다. to every man (모든 사람 하나하나에게)

10

He **was** in the world, and <though the world **was made** through him>, the world **did** not **recognize** him.

- **though**; 비록 ~이지만
- **through**; ~을 통하여, ~에 의하여
- **recognize ~**; ~을 알아보다, 인정하다

- 1형식동사 was는 '~이 있었다'라고 해석한다. He was in the world. (그는 세상에 있었다)

11

He **came** to that (which **was** his own), but his own **did** not **receive** him.

- **own**; 자신의 것
- **receive ~**; ~을 받아들이다, 맞이하다, 영접하다

- which는 주격 관계대명사로 형용사절을 인도한다. 이 형용사절(자기의 것인)은 선행사 that(=the world;세상)을 수식한다.
- his own은 the world(세상)를 가리킨다.

12

Yet to all (who **received** him), to those (who **believed** in his name), he **gave** the right to become children of God--

- believe in ~; ~의 존재를 믿다, 신앙하다
- the right to become children of God; 하나님의 자녀가 될 권리
- right; 권리

- 부사구(to all~ ;그를 받아들이는 모든 사람에게, to those~ ;그의 이름을 믿는 사람들에게)를 도치시켜 문장의 구조를 쉽게 파악할 수 있게 만든 도치구문이다.
- to become ~은 부정사의 형용사적 용법(~가 될)으로 명사 the right를 수식한다.
- 'A -- B'의 기호는 A 즉, 다시 말해서 B (하나님의 자녀, 즉 자연적인 혈통으로 태어나지 않은 자녀),B는 13절을 가리킨다

13

children born not of natural descent, nor of human decision or a husband's will, but born of God.

- children; 자녀들
- descent/디쎈트/; 혈통
- will; 의지
- not ~ but -; ~가 아니라 -이다
- decision; 결정

- 과거분사 born not of ~는 (~로 태어나지 않은)로 명사 children을 수식한다.
  *be동사나 have동사 없이 쓰인 과거분사는 형용사로 쓰일 수 있다.
- nor는 등위접속사로 'and not'과 같다. (그리고 인간의 결정이나 남편의 의지로 태어나지 않은)

14

The Word **became** flesh and **made** his dwelling among us. We **have seen** his glory, the glory of the One and Only, (who **came** from the Father), full of grace and truth.

- become ~; ~이 되다
- make one's dwelling; 살다
- full of ~; ~로 가득한
- flesh; 육체, 몸
- the One and Only; 독생자

- flesh는 2형식동사 became ~의 보어다.(말씀이 육신이 되었다)
- , who는 관계대명사 계속적 용법으로 형용사절(그런데 그는 아버지에게서 왔다)을 인도한다.
  선행사는 the One and Only이다.
- full of ~ 앞에서 who was가 생략되었다. 주격관계대명사와 be동사는 생략이 가능하다.(그리고 그는 은혜와 진리가 가득했다)

3 탄생과 나사렛 유년시절 그리고 선교 준비

JESUS
ENGLISH

2주차

예수탄생의 이야기, 한 번쯤은 들어보았을 것입니다.
언뜻 들으면
동화처럼 신비롭기도 하다가, 다시 접하면
신화처럼 느껴지기도 합니다.

그러나 성경은 예수탄생에 대하여
감추어진 신비로운 사실들을 보여주고 있습니다.

오래 전 **히브리예언자**들은
인류를 구원하러 오신 메시아의 탄생을 이야기하였습니다.

이제
아기예수와 그의 길을 준비했던 세례요한의 탄생을 알기위해
이 장의 페이지를 넘기도록 하겠습니다.

탄생과 나사렛 유년시절 그리고 선교준비

세례 요한의 출생 예고

요한 1:6-8

06

There **came** a man (who **was sent** from God); his name **was** John.

- John/잔/; 요한

- 도치, There(부사) **came(동사)** a man(주어) who ~(~ 사람이 왔다)
  *주부(=주어를 포함한 부분)가 술부(=동사를 포함한 부분)보다 길 때 문장의 균형을 위해 주어와 동사를 도치시킨다.

07

He **came** as a witness to testify concerning that light, <so that through him all men **might believe**>.

- as ~; ~로서
- witness; 증인
- concerning ~; ~에 관하여
- through ~; ~을 통하여
- , so that might~ ; 그래서 ~하려는 것이다

- to testify(증언 할)는 형용사적 용법의 부정사로 명사 a witness를 수식한다.
- , so that might ~는 종속접속사로 결과를 나타내는 부사절(그래서 그를(=요한을) 통해서 모든 사람을 믿게 하려는 것이다)을 인도한다.

08

He himself **was** not the light; he **came** only as a witness to the light.

- himself(그 자신이)는 강조용법으로 주어 he를 강조한다. 강조용법의 재귀대명사는 생략할 수 있다.
- as ~(~로)는 전치사로 목적어는 a witness다.

누가 1:5-20

05

In the time of Herod king of Judea there **was** a priest named Zechariah, (who **belonged to** the priestly division of Abijah); his wife Elizabeth **was** also a descendant of Aaron.

- Herod king of Judea; 유대의 왕 헤롯
- Zechariah/제커롸이어/; 스가랴, 기원전 6세기 히브리의 예언자
- priestly division; 제사장의 조
- Elizabeth/일리저버스/; 엘리자베스
- priest; 제사장
- belong to ~; ~에 속하다
- Abijah/아비쟈/; 아비야
- descendant; 후손, 자손
  cf. ascendant; 조상, 선조

- named(~라 불리는)는 과거분사로 명사 a priest를 수식한다.
- ,who는 관계대명사의 계속적 용법으로 선행사 Zechariah를 수식한다.
  (그런데 그(=스가랴)는 아비야 제사장의 조에 속해있었다)

06

Both of them **were** upright in the sight of God, observing all the Lord's commandments and regulations blamelessly.

- both of them; 둘 다
  cf. they both; 둘 다
- all the Lord's commandments; 주의 모든 계명들
- blamelessly; 나무랄 데 없이
- upright; 똑바른, 올바른
- in the sight of ~; ~ 눈에는, ~ 앞에서
- regulations; 규례들

- observing ~은 분사 구문이다. < and they observed ~ (그리고 그들 둘 다 ~을 지켰다)
- blamelessly는 부사로 현재분사 observing을 수식한다. 분사는 부사의 수식을 받는다.

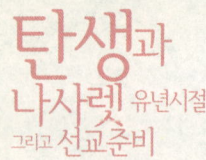

07

But they **had** no children, <because Elizabeth **was** barren>; and they **were** both well along in years.

- Elizabeth/일리저버스/; 엘리사벳
- barren; 불임의
- be well along in years; 상당히 나이가 들다

- because ~(~ 때문에)는 종속접속사로 부사절(엘리사벳이 임신을 못했기 때문에)을 인도한다.

08

Once <when Zechariah's division **was** on duty and he **was serving** as priest before God>,

- division; 조
- be on duty; 집무 중이다, 차례이다
- serve as ~; ~ 역할을 하다, ~로 섬기다

- 부사 once(한때, 전에) cf. 접속사 once~(일단 ~하면)
- when ~(~때)은 종속접속사로 부사절(스가랴 조가 집무 차례 이어서 그가 하나님 앞에 제사장으로 섬기고 있을 때)을 인도한다.

09

he **was chosen** by lot, according to the custom of the priesthood, to go into the temple of the Lord and burn incense.

- by lot; 추첨으로
- according to~; ~에 따라
- custom; 전통
- priesthood; 성직
- incense/인쎈스/; 향

- to go into ~는 명사적 용법(~에 들어가도록)의 부정사로 동사 was chosen의 보어이다.
- and는 등위접속사로 to go into ~ 와 (to) burn ~를 연결한다. (~ 에 들어가 ~을 피우도록)

10

And <when the time for the burning of incense **came**>, all the assembled worshipers **were praying** outside.

- assembled; 모인
- pray; 기도하다, 기원하다
- worshiper; 숭배자
- outside; 밖에서

- when(~때)은 종속접속사로 부사절(향을 태울 시간이 왔을 때)을 인도한다.

11

Then an angel of the Lord **appeared** to him, standing at the right side of the altar of incense.

- appear; 나타나다
- altar of incense; 향단
- altar; 제단 cf. alter ~; ~을 바꾸다

- 1형식동사 appear cf. 2형식동사 appear ~(~처럼 보이다)
- standing at ~은 부대상황을 나타내는 분사 구문이다. <and he(=the angel of Lord) stood at ~로 고칠 수 있다. (그리고 그 천사는 ~에 서 있었다)

12

<When Zechariah **saw** him>, he **was** startled and **was gripped** with fear.

- startled; 놀란 cf. startling; 놀라게 하는, 놀라운
- be gripped with ~; ~에 사로잡히다

- when ~(~ 때)은 종속접속사로 부사절(스가랴가 그를 보았을 때)을 인도한다.

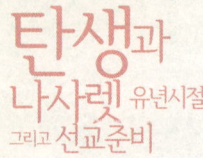

13

But the angel **said** to him: ["**Do** not **be** afraid, Zechariah; your prayer **has been heard**. Your wife Elizabeth **will bear** you a son, and you **are** to give him the name John.

- prayer/프뤠어ㄹ/; 기도   cf. prayer/프뤠이어ㄹ/; 기도하는 사람

- said의 목적어는 17절까지다.
- has been heard는 현재완료수동으로 '~이 들렸다'의 뜻을 지닌다.
- 4형식동사 bear는 목적어가 두 개다. bear A B(A와 사이에서 B를 낳다, A에게 B를 낳아주다)
- 'be to용법'에서, be동사의 보어인 to부정사는 예정, 의무, 명령, 가능, 운명, 목적이나 의도 등의 의미를 갖는데 여기서는 to give(그에게 요한이라는 이름을 주어야 할 것이다)는 의무나 명령이다.

14

He **will be** a joy and delight to you, and many **will rejoice** because of his birth,

- joy; 기쁨   • delight; 즐거움   • many; 많은 사람들
- rejoice; 기뻐하다   • because of~; ~ 때문에

- because of ~는 전치사로서 뒤에 명사, 대명사, 동명사가 와야 하며, because ~는 접속사로서 뒤에 주어+동사가 와야 한다.

15

for he **will be** great in the sight of the Lord. He **is** never to take wine or other fermented drink, and he **will be filled** with the Holy Spirit even from birth.

- in the sight of ~; ~의 눈에는, ~ 앞에서   • be filled with ~; ~이 가득하다, ~로 가득하다

- 등위접속사 for(왜냐하면)
- never to take ~는 부정사의 형용사적 용법(~을 결코 마시지 않을 것이다)으로 is의 보어다.

16

Many of the people of Israel **will** he **bring back** to the Lord their God.

- bring back A to B; A를 B에게 돌아오게 하다

- many of the 복수명사(~ 중 많은 사람들)
*형용사 many와 관사 the는 문법적인 기능이 같은 한정사로 함께 쓸 수 없다.
 따라서 명사에 관사가 붙은 경우에는 전치사 of를 써서 'many of the 명사'로 쓴다.
 many of ~에서 many는 대명사다.
- 도치, 목적어 'Many of the people of Israel'를 도치시킨 구문이다. (이스라엘 사람들 중에 많은 사람들)
 목적어를 원위치 시키면 'He **will bring** many of the people of Israel **back** to the Lord their God.'이 된다.

17

And he **will go on** before the Lord, in the spirit and power of Elijah, to turn the hearts of the fathers to their children and the disobedient to the wisdom of the righteous--to make ready a people prepared for the Lord."]

- go on before ~ ; ~ 앞서 나아가다
- power 힘, 능력
- turn A to B; A를 B로 돌아오게 하다
- the righteous; 의인들
- spirit; 정신, 마음
- Elijah/일라이저/; 엘리야
- the disobedient; 거역하는 자들
- a people; 민족 cf. people; 사람들

- 등위접속사 and는 전치사 in의 목적어 spirit와 power를 연결한다.
 in the spirit and power of Elijah (엘리야의 정신과 힘으로)
- to turn ~은 부정사의 결과표시 부사적 용법이다.
 결과표시 부사적 용법은 동사(will go on before ~)를 먼저 해석하고 부정사(to turn ~)를 나중에 해석한다.
 (~보다 앞서 와서 아버지의 마음이 자식에게 돌아오게 할 것이다)
- and는 등위접속사로 the hearts of the fathers to their children(아버지의 마음을 그들의 자녀들에게)과
 the disobedient to the isdom of ~(거역하는 사람들을 의인들의 지혜로)를 연결한다.
- the righteous는 'the + 형용사'로 복수보통명사가 된다.
- to make ~(그래서 ~하게 할 것이다)는 결과 표시 부사적 용법의 부정사이다.
- 도치, to make의 목적어(=a people prepared for the Lord; 주를 위하여 마련된 민족이)가 길어서
 보어(=ready; 마련되게)와 도치되었다.
- prepared for ~(~을 위해 마련된, 준비된)는 형용사로 to make의 목적어인 a people을 수식한다.

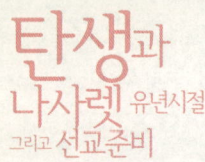

18

Zechariah **asked** the angel, ["How **can** I **be** sure of this? I **am** an old man and my wife **is** well along in years."]

- be sure of ~; ~을 확신하다
- be well along in years; 상당히 나이가 들다

- 4형식동사 ask A B(A에게 B를 물어보다)

19

The angel **answered**, ["I **am** Gabriel. I **stand** in the presence of God, and I **have been sent** to speak to you and to tell you this good news.

- Gabriel/게이브뤼얼/; 가브리엘
- in the presence of ~; ~의 앞에
- news; 소식

- 3형식 동사 answered의 목적어는 20절까지다.
- have been sent는 현재완료수동태이다.(보내심을 받았다)
- and는 등위접속사로 부사적 용법의 부정사 to speak to~와 to tell ~을 연결한다.
- 1형식동사 speak to ~(~에게 말하다)
- 4형식동사 tell A B(A에게 B를 말하다)

20

And now you **will be** silent and not **able to speak** until the day (this **happens**), <because you **did** not **believe** my words, (which **will come** true at their proper time)>."]

- silent; 말이 안 나오는, 말을 못하는
- until~; ~까지
- come true; 실현되다, 사실이 되다
- proper; 적절한

- until ~은 전치사로 목적어는 the day다.
- the day 뒤에 형용사절(이 일이 일어난)을 인도하는 관계부사 when이 생략되었다.
- because ~(~ 때문에)는 종속접속사로 부사절(네가 나의 말을 믿지 않았기 때문에)인도한다.
- , which는 관계대명사의 계속적 용법으로 선행사는 my words다.(그런데 그것은(=내 말은) 적절한 때에 실현될 것이다)

예수 탄생에 대한 예고

... 마리아에게 수태됨을 알리다 ...

누가 1:26-38

26

In the sixth month, God **sent** the angel Gabriel to Nazareth, a town in Galilee,

- in the sixth month(=in six months); 6개월 후
cf. within+시간 ; ~이내에
- Nazareth/**내**저뤄스/; 나사렛
- Galilee/**갤**럴리~/; 갈릴리

- 3형식 동사 send A to B(A를 B로 보내다)
- Nazareth와 a town in Galilee는 동격이다.

27

to a virgin pledged to be married to a man named Joseph, a descendant of David. The virgin's name **was** Mary.

- virgin; 처녀
- be married to ~; ~와 결혼하다
- pledged; 서약한, 약혼한
- Joseph/**조**우저프/; 요셉
- descendant; 후손

- 'to a virgin'은 26절 sent의 부사구 'to B'에 해당한다.
- to a virgin pledged to be married~(~와 결혼하기로 서약한 처녀에게) 에서 pledged는 과거분사로 a virgin을 수식한다.
- a man named Joseph(요셉이라고 불리는 남자)에서 과거분사 named 뒤에 Joseph는 named의 보어다.
- Joseph와 a descendant of David(다윗의 후손)는 동격이다.

28

The angel **went** to her and **said**,
"Greetings, you (who **are** highly favored)! The Lord **is** with you."

- Greetings (=hello); 안녕하십니까
- highly; 아주
- favored: 은혜를 입은, 호의를 사고 있는

- highly는 부사로 형용사 favored를 수식한다.
- 1형식동사 is with ~(~와 함께 있다)

29

Mary **was** greatly troubled at his words and **wondered** [what kind of greeting this **might be**].

- troubled; 당황한
- wonder ~; ~을 궁금해 하다.
- what kind of ~; 어떤 종류의 ~

- and는 등위접속사로 동사 was ~와 wondered ~를 연결한다.
- what ~(어떤 ~)은 의문형용사로 명사 kind를 수식하며 간접의문문(=의문사절)(이것이 어떤 종류의 인사일까)을 인도한다. 이 명사절은 동사 wondered의 목적어다.

30

But the angel **said** to her, ["**Do** not **be** afraid, Mary, you **have found** favor with God.

- find favor with ~; ~의 지지를 얻다

- 3형식동사 said의 목적어는 33절까지다.
 *다른 성경에는 Mary 뒤에 comma(,) 대신 콜론(:)과 등위접속사 for(왜냐하면)가 있다.
 *또 다른 성경에는 Mary 뒤에 'because God has been gracious to you(하나님이 너에게 자비를 베푸셨기 때문이다)' 라고 되어있다.

31

You **will be** with child and **give** birth to a son, and you **are** to give him the name Jesus.

- be with child : 아이를 갖다
- give birth to ~; ~을 낳다

- 'to give him the name Jesus'는 형용사적 용법(너는 그에게 예수라는 이름을 주어야 한다)의 부정사로 의무나 명령을 나타내는 be to용법이다.

32

He **will be** great and **will be called** the Son of the Most High. The Lord God **will give** him the throne of his father David,

- **the Most High**; 하나님
- **throne**; 왕위
- **his father David**; 그의 조상 다윗

- and는 등위접속사로 동사 will be ~와 will be called ~를 연결한다.
- will be called the Son of the Most High(하나님의 아들이라 불리게 될 것이다).
  5형식동사가 수동태가 되면 2형식이 된다.
- give는 4형식동사이며 him(그에게)이 간접목적어이고 the throne of his father David(그의 조상 다윗의 왕위를)이 직접목적어다.

33

and he **will reign over** the house of Jacob forever; his kingdom **will** never **end**."]

- **reign over ~**; ~을 통치하다, 다스리다
- **forever**; 영원히

- and는 등위접속사로 두 문장(32절과 33절)을 연결한다.
- forever는 부사로 동사 will reign over ~를 수식한다.

34

["How **will** this **be**," Mary **asked** the angel, "<since I **am** a virgin>?"]

- **since**; 왜냐하면

- 'Mary asked the angel'의 삽입.
  정상 어순으로 쓰면 Mary **asked** the angel ["How **will** this **be**, <since I **am** a virgin>?"]
- asked는 4형식 동사이며, 간접목적어는 the angel 직접목적어는 How가 이끄는 '의문사절(간접의문문)'이다.
  (메리(=마리아)가 천사에게 "내가 처녀인데 어떻게 이런 일이 일어날 수 있을까요"라고 물었다)
- since ~는 종속접속사로 부사절(내가 처녀이기 때문에)을 인도한다.

35

The angel **answered**, ["The Holy Spirit **will come upon** you, and the power of the Most High **will overshadow** you. So the holy one to be born **will be called** the Son of God.

- come upon ~; ~에게 임하다, ~를 우연히 만나다.
- overshadow ~; ~을 뒤덮다

- 3형식동사 answered의 목적어는 37절 까지이다.
- to be born은 to부정사의 형용사적 용법(태어날)으로 the holy one(거룩한 사람)을 수식한다.
- 5형식동사 call이 수동태가 되면 목적보어였던 the Son of God은 주격보어가 된다.
  능동으로 고치면 'People **will call** the holy one to be born the Son of God.'이다.
  (사람들은 태어날 거룩한 이를 하나님의 아들이라 부를 것이다)

36

Even Elizabeth your relative **is going to have** a child in her old age, and she (who **was said** to be barren) **is** in her sixth month.

- even; 심지어 ~도
- be going to 동사; ~할 것이다
- have a child; 아이를 갖다
- barren; 임신하지 못하는

- Elizabeth와 your relative는 동격이다.
- even은 부사이지만 명사를 수식하기도 한다.
- barren은 형용사로 부정사 to be의 보어다.
- is in her sixth month(=is now six months pregnant; 지금 임신 6개월이다)

37

For nothing **is** impossible with God."]

- nothing is impossible with ~; ~에게 불가능한 것이 없다

- 등위접속사 for(왜냐하면)

38

["I **am** the Lord's servant,"] Mary **answered**. "**May** it **be** to me <as you **have said**>." Then the angel **left** her.

• the Lord's servant; 주님의 종

- 도치, ["I **am** the Lord's servant,"](목적어) Mary(주어) **answered**(동사).
 <Mary **answered** ["I **am** the Lord's servant."]
 (메리(=마리아)가 "나는 주님의 종입니다"라고 대답했다)
- as ~(~ 한 대로)는 종속접속사로 부사절(당신이 말한대로)을 인도한다.

탄생과 나사렛 유년시절 그리고 선교준비

마리아의 찬가

누가 1:46-56

46

And Mary **said**: ["My soul **glorifies** the Lord

- glorify ~; ~를 찬미하다

- 3형식동사 said의 목적어는 55절까지다.

47

and my spirit **rejoices** in God my Savior,

- rejoice; 기뻐하다
- in God my Savior; 하나님 내 구원자 안에서

- and는 등위접속사로 46절과 47절 두 문장을 연결한다.
- 1형식동사 rejoice

48

for he **has been** mindful of the humble state of his servant. From now on all generations **will call** me blessed,

- be mindful of ~; ~을 잊지 않다, ~을 염두에 두다
- from now on; 지금부터
- humble; 비천한
- blessed; 복을 받은

- 등위접속사 for(왜냐하면)
- me는 5형식동사 call의 목적어이고 blessed는 형용사로 목적보어다.

49

for the Mighty One **has done** great things for me--holy **is** his name.

- the Mighty One(=the Mighty God); 전능하신 하나님

- 도치, holy(보어) **is**(동사) his name(주어). (그의 이름이 거룩하다)

50

His mercy **extends** to those (who **fear** him), from generation to generation.

- mercy; 자비
- those who ~; ~하는 사람들
- extend to ~; ~까지 미치다, ~까지 퍼지다

- from generation to generation(대대로)
  *짝이나 대조를 이루는 단어가 전치사나 접속사로 연결될 때는 관사를 생략한다.

51

He **has performed** mighty deeds with his arm; he **has scattered** those (who **are** proud in their inmost thoughts).

- mighty; 강력한, 힘이 있는
- scatter ~; ~을 흩어버리다, ~을 쫓아버리다
- proud; 교만한
- thought; 생각
- deed; 일
- those who ~; ~하는 사람들
- inmost; 마음속 깊은 곳의

- mighty는 형용사로 명사 deeds를 수식한다.
  *형용사는 문장에서 명사를 수식하거나 보어 역할을 한다.
- 세미콜론(;)은 부연설명을 나타낸다.

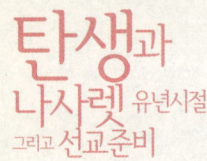

52

He **has brought down** rulers from their thrones but **has lifted up** the humble.

- bring down A from B; A를 B에서 끌어내리다
- lift up ~; ~을 들어 올리다
- throne; 왕위, 왕권, 통치권
- the humble; 비천한 사람들

- 'the + 형용사'인 the humble은 복수 보통명사다.

53

He **has filled** the hungry with good things but **has sent** the rich **away** empty.

- fill A with B; A를 B로 채우다
- send the rich away empty; 부자들을 빈손으로 쫓아 보내다
- empty; 빈
- the hungry; 굶주린 사람들

- empty는 형용사로 동사 has sent의 목적보어다.

54

He **has helped** his servant Israel, remembering to be merciful

- his servant Israel; 그의 종 이스라엘

- 3형식동사 help의 목적어는 his servant Israel이다.
- remembering to be ~는 분사 구문(~할 것을 기억하면서)이다.
- remember to부정사; (미래에) ~할 것을 기억하다   cf. remember 동명사; (과거에) ~한 것을 기억하다
- be merciful to 55절~(~ 에게 인정을 베풀다, ~에게 자비를 베풀다)

55

to Abraham and his descendants forever, even <as he **said** to our fathers>."]

- to Abraham ~은 54절의 be merciful에 이어진다.
- as ~(~처럼, ~같이, ~한 대로)는 종속접속사로 부사절(그가 우리 조상들에게 말씀하신대로)을 인도한다.

56

Mary **stayed** with Elizabeth for about three months and then **returned** home.

- stay with ~; ~와 머물다
- return; 돌아가다
- about; 약, 대략
- home; 집으로

- 1형식동사 stay
- about은 부사로 형용사 three months를 수식한다.
- 1형식동사 return   cf. 3형식동사 return ~(~을 돌려주다, 반납하다)
- home은 부사로 1형식동사 return을 수식한다.

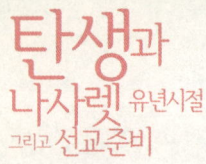

요셉에게도 현몽하다

마태 1:18-25

18

This **is** [how the birth of Jesus Christ **came about**]: His mother Mary **was pledged** to be married to Joseph, but <before they **came** together>, she **was found** to be with child through the Holy Spirit.

- come about; 일어나다, 생기다
- come together; 동거하다
- through ~; ~를 통해, ~에 의해
- be pledged to be married to ~; ~와 약혼하다
- be with child; 아이를 가지다
- the Holy Spirit; 성령

- how는 간접의문문을 인도하는 의문부사(어떻게)로 명사절(예수 그리스도가 어떻게 태어났는지)을 인도한다. 이 명사절은 is의 보어다.
- but은 등위접속사로 두 문장을 연결한다.
- before ~(~ 전에)는 종속접속사로 부사절을 인도한다.

19

<Because Joseph her husband **was** a righteous man and **did** not **want** to expose her to public disgrace>, he **had** in mind to divorce her quietly.

- expose B to A; B를 A에게 드러내다
- have ~ in mind(=keep ~ in mind); ~을 생각하다
- quietly; 조용히
- disgrace; 불명예, 망신
- divorce ~; ~와 이혼하다

- because ~(~ 때문에)는 종속접속사로 부사절을 인도한다.
- Joseph와 her husband는 동격이다.
- and는 등위접속사로 동사 was ~와 did not want ~를 연결한다.
- 'he had in mind to divorce her quietly'를 문법에 맞게 쓰려면 had의 목적어가 to부정사이므로 가목적어 it을 써서 'he had it in mind to divorce her quietly'라고 써야한다.
- 3형식동사 divorce ~

20

But <after he **had considered** this>, an angel of the Lord **appeared** to him in a dream and **said**, ["Joseph son of David, **do** not **be** afraid to take Mary home as your wife, <because [what **is conceived** in her] **is** from the Holy Spirit>.

- appear; 나타나다
- conceive ~; ~를 임신하다
- afraid; 두려운
- Holy Spirit; 성령
- as ~; ~로

- had considered는 대과거로 주절의 appeared보다 시제가 앞선 것을 나타낸다.
  *접속사 after~ 뒤에는 대과거를 단순과거시제로 쓸 수 있다. 접속사 before도 마찬가지이다.
- 1형식동사 appear   cf. 2형식동사 appear ~(~처럼 보이다)
- said의 목적어는 21절까지다.
- what(~ 것)은 관계대명사로 명사절(그녀에게 아이가 생기게 된 것)을 인도한다. 이 명사절은 is의 주어다.

21

She **will give** birth to a son, and you **are** to give him the name Jesus, <because he **will save** his people from their sins>."]

- give birth to ~; ~을 낳다
- save A from B; A를 B에서 구원하다

- to give him the name Jesus는 형용사적 용법(너는 그에게 예수라는 이름을 주어야 한다)으로
  의무나 명령을 나타내는, 'be to용법' 이다.

22

All this **took place** to fulfill [what the Lord **had said** through the prophet]:

- take place; 일어나다
- the prophet; 예언자, 선지자
- through ~; ~을 통해서

- to fulfill ~(~을 이루기 위해)은 부사적 용법으로 동사 took place를 수식한다.
- what(~ 것)은 관계대명사로 명사절(주께서 예언자를 통하여 말씀하신 것)을 인도한다.
  이 명사절은 부정사 to fulfill의 목적어다.
- had said는 대과거로 과거 took place보다 시제가 앞선 것을 나타낸다.

23

"The virgin **will be** with child and **will give birth to** a son, and they **will call** him Immanuel"--(which **means,** "God with us.")

- Immanuel/이매뉴얼/; 임마누엘, 이사야가 예언한 구세주, 예수 그리스도

- 5형식동사 call 뒤에 him은 목적어이고 목적보어는 Immanuel은 목적보어다.(그를 임마누엘이라고 부르다)
- which는 관계대명사로 형용사절(그런데 그것은(=임마누엘은) "우리와 함께 계시는 하나님"을 뜻한다)을 인도한다. 선행사는 Immanuel이다.

24

<When Joseph **woke up**>, he **did** [what the angel of the Lord **had commanded** him] and **took** Mary home as his wife.

- when ~(~ 때)은 종속접속사로 부사절(요셉이 잠에서 깼을 때)을 인도한다. 이명사절은 동사 did의 목적어다.
- what(~ 것)은 관계대명사로 명사절(하나님의 천사가 그에게(=요셉에게) 명한 것)을 인도한다.
- 4형식동사 command(명령하다)의 간접목적어는 him이고 직접목적어는 what이다.
- home(집으로)은 부사로 동사 took을 수식한다.
- as ~(~로)전치사로 목적어는 his wife다.

25

But he **had** no union with her <until she **gave** birth to a son>. And he **gave** him the name Jesus.

- have no union with ~; ~와 잠자리를 하지 않다
- until ~; ~ 까지

- until ~은 종속접속사로 부사절(그녀가 아들을 낳을 때까지)을 인도한다.
- him은 대명사도 a son을 대신한다.

JESUS ENGLISH

3주차

예수의 탄생은 극적인 드라마를 연상케 합니다.

마구간에서 태어난 아기를 위해

천군천사들은 찬송을 불렀으며
목자들이 찾아와 경배의 인사를 드렸고
먼 곳 동방에서 온 박사들은
황금과 유향과 몰약을 드리며 축하를 하였습니다.

이 날 이후로
베들레헴은 작은 도시가 아니었습니다.
세상을 이끌어갈 큰 목자를 배출했기 때문입니다.

탄생과 나사렛 유년시절 그리고 선교준비

세례 요한의 출생

누가 1:57-80

57

\<When it **was** time for Elizabeth to have her baby\>, she **gave** birth to a son.

- when ~(~ 때)은 종속접속사로 부사절(엘리사벳이 아기를 낳을 때가 되어)을 인도한다.
- it은 비 인칭 주어로 '그것'이라고 해석하지 않는다. 비 인칭 주어 it은 시간, 날씨, 계절, 거리, 명암 등을 가리킨다.
- for Elizabeth는 부정사 to have her baby의 의미상 주어다. 주어처럼(엘리사벳이)해석한다.
- to have her baby는 형용사적 용법(아이를 낳을)의 부정사로 time(때)을 수식한다.

58

Her neighbors and relatives **heard** [that the Lord **had shown** her great mercy], and they **shared** her joy.

- that ~(~ 것)은 종속접속사로 명사절을 인도한다. 이 명사절(주님이 그녀에게 큰 자비를 보이셨다고)은 동사 heard의 목적어다.
- show ~는 목적어가 2 개인 수여동사다. 동사 had shown의 간접목적어는 her(그녀에게), 직접목적어 great mercy(큰 자비를)다.
- 3형식동사 share ~(~을 나누다)

59

On the eighth day they **came** to circumcise the child, and they **were going** to name him after his father Zechariah,

- **on the eighth day**; 여드레째 날에
- **circumcise**/**써**~ㄹ컴싸이즈/ ~; ~에게 할례를 행하다
- **Zechariah**/재커**롸**이어/; 스가랴
- **come to**부정사; ~하러 오다
- **be going to**부정사; ~할 예정이다

- 'name A after B'(A를 B를 따서 이름 짓다)에서 A는 동사 name의 목적어, B는 전치사 after의 목적어.
  (그를 아버지 스가랴를 따서 이름 지을 예정이었다)

60

but his mother **spoke up** and **said**, ["No! He **is** to be called John."]

- **speak up**; 크게 말하다

- but은 등위접속사로 59절과 60절 두 문장을 연결한다.
- to be called는 형용사적 용법(그는 요한이라고 불리어야 한다)의 부정사로 '의무나 명령'을 나타내는 'be to용법' 이다.
- 5형식동사 call이 수동태가 되면 2형식이 된다.

61

They **said** to her, ["There **is** no one among your relatives (who **has** that name)."]

- **among** ~; ~ 중에
- **name**; 이름
- **relative**/**뤨**러티브/; 친척

- among ~은 전치사로 목적어는 your relatives이다. among의 목적어 자리에는 반드시 '복수명사'가 온다.
- who는 관계대명사로 형용사절을 인도한다. 이 형용사절(그런 이름을 가진)은 선행사 'no one'(사람)을 수식한다.
- that(그런 ~)은 지시형용사로 명사 name을 수식한다.

62

Then they **made** signs to his father, to find out [what he **would like** to name the child].

- make signs to ~; ~에게 신호하다
- find out ~; ~을 찾다, ~을 알아내다

- 5형식동사 name A B(A를 B라 이름 짓다)
- what(무엇)은 의문대명사로 간접의문문(그가 그 아이의 이름을 무엇으로 지으려 하는지)을 인도한다. 이 명사절은 부정사 to find out 의 목적어다.

63

He **asked for** a writing tablet, and to everyone's astonishment he **wrote**, ["His name **is** John."]

- ask for ~; ~을 요구하다
- writing tablet; 서판
- to one's astonishment; 놀랍게도

- and(그리고)는 등위접속사로 두 문장을 연결한다.

64

Immediately his mouth **was opened** and his tongue **was loosed**, and he **began** to speak, praising God.

- Immediately/이미~디엇리/; 즉시
- tongue; 혀
- loose ~; ~을 풀다, ~을 자유롭게 하다

- and(그리고)는 등위접속사로 두 문장을 연결한다.
- praising ~ (=and he praised God.; 그리고 그는 하나님을 찬양했다)은 분사 구문이다.

65

The neighbors **were** all **filled** with awe, and throughout the hill country of Judea people **were talking** about all these things.

- **be filled with ~**; ~로 가득 차다
- **throughout the hill country**; 산골마을 도처에
- **awe**; 두려움, 경외
- **talk about ~**; ~에 관하여 말하다

- the neighbors와 all은 동격이다.
  The neighbors **were** all(대명사) ~은 The neighbors all(대명사) **were** ~, 또는 All(형용사) the neighbors **were** ~, 또는 All(대명사) of the neighbors **were** ~로 쓸 수도 있다
- these(이 ~)는 지시형용사로 things를 수식한다. 지시형용사 these 뒤에는 복수명사가 온다. cf. this+단수명사

66

Everyone (who **heard** this) **wondered** about it, asking, ["What then **is** this child **going to be**?"] For the Lord's hand **was** with him.

- **wonder about ~**; ~을 의아하게 생각하다
- **be going to be ~**; ~가 될 예정이다

- who는 관계대명사로 형용사절을 인도한다. 이 형용사절(이것을 들은)은 선행사사 everyone을 수식한다.
- asking ~ (=and everyone asked ~; 그리고 모든 사람이 ~ 라고 물었다)은 분사구문이다.
- then(다음에; 미래의 특정한 때), cf. 그 때(과거의 특정한 때)
- 등위접속사 for(왜냐하면)
- what(무엇)은 의문대명사로 의문문을 인도한다. 이 의문문(다음에 이 아이가 무엇이 될 것인가?)은 부정사 to be의 보어이다.

67

His father Zechariah **was filled** with the Holy Spirit and **prophesied**:

- **be filled with ~**; ~로 가득 차다
- **prophesy**/프롸퍼싸이/ ~; ~을 예언하다
  cf. **prophecy**/프롸퍼씨/; 예언

- and는 등위접속사는 두 동사 was filled with ~와 prophesied ~를 연결한다.
- 3형식 동사 prophesied의 목적어는 79절 까지다.

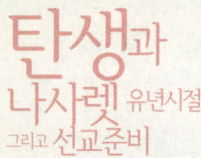

68

["Praise **be** to the Lord, the God of Israel, <because he **has come** and **has redeemed** his people>.

- redeem ~; ~을 도로 찾다, ~을 회복하다
- praise; 찬양

- 'Praise **be** to the Lord'는 주어가 있는 명령문(주님께 찬양이 있으라)으로 'Let us praise the Lord'로 바꿔 쓸 수 있다. be는 1형식동사다.
- the Lord와 the God of Israel은 동격이다.

69

He **has raised up** a horn of salvation for us in the house of his servant David

- raise up ~; ~을 치켜들다
- a horn of salvation; 구원의 뿔 (=a mighty Savior; 힘센 구세주)

70

(<as he **said** through his holy prophets **of** long ago>),

- as; ~대로, ~같이, ~처럼
- say of ~; ~에 대해 말하다
- through ~; ~를 통해
- prophet; 예언자

- as ~는 종속접속사로 부사절(그가 오래전에 거룩할 예언자들을 통해서 말씀하신대로)을 인도한다.

71

salvation from our enemies and from the hand of all (who **hate** us)--

- salvation; 구원
- from our enemies; 우리의 적들로부터
- from the hand of ~; ~의 손에서

- salvation from을 풀어 쓰면 'He promised to save us from ~'이다.

72

to show mercy to our fathers and to remember his holy covenant,

- show mercy to ~; ~를 불쌍히 여기다
- covenant/커버넌트/; 약속

- to show ~를 풀어 쓰면 'He said he would show ~' 이다.
- and는 등위접속사로 부정사 to show ~와 to remember ~를 연결한다.

73

the oath (he **swore** to our father Abraham):

- oath; 맹세
- swore; swear(맹세하다)의 과거형

- the oath~를 풀어 쓰면 'He made a solemn(엄숙한) oath ~' 이다.
- oath 뒤에 형용사절을 인도하는 목적격 관계대명사 that이 생략되었다.

74

to rescue us from the hand of our enemies, and to enable us to serve him without fear

- rescue A from B; A를 B에서 구하다
- serve ~; ~를 예배하다, ~를 섬기다
- enable A to부정사; A가 ~ 하는 것을 가능하게 하다

- to rescue ~를 풀어 쓰면 'and he vowed that he would rescue ~' 이다.
- and to enable us to serve ~를 풀어 쓰면 'and allow us to serve ~' 이다.

75

in holiness and righteousness before him all our days.

- in holiness; 거룩하게
- in righteousness; 의롭게
- all one's days; 평생

- before~(~ 앞에서)는 전치사로 목적어는 him(=the Lord, the God)이다.
- in + 추상명사는 부사구이다.

76

And you, my child, **will be called** a prophet of the Most High; for you **will go on** before the Lord to prepare the way for him,

- prophet; 예언자, 선지자
- the Most High; 하나님
- go on before ~; ~ 앞서 나아가다

- you(=John)와 my child는 동격이다.
- will be called a prophet of the Most High(하나님의 예언자로 불릴 것이다)
- 등위접속사 for(왜냐하면)
- to prepare ~는 부사적 용법(~을 준비하기 위해)의 부정사로 동사 will go on을 수식한다.

77

to give his people the knowledge of salvation through the forgiveness of their sins,

- give A the knowledge of ~ ; A에게 B를 알게 하다
- through ~; ~을 통하여
- forgiveness; 용서

- to give his people the knowledge of ~는 결과표시 부사적 용법(그래서 ~을 알게 할 것이다)의 부정사다.
   *결과표시 부사적 용법은 동사를 먼저 해석하고 부정사를 나중에 해석한다.
- 4형식동사 give A B(A에게 B를 주다)
- through ~는 전치사로 목적어는 the forgiveness다.

78

because of the tender mercy of our God, (by which the rising sun **will come** to us from heaven

- rising; 떠오르는

- , which는 관계대명사의 계속적 용법으로 선행사는 the tender mercy(깊은 자비)다.
- rising은 현재분사로 명사 sun을 수식한다.

79

to shine on those living in darkness and in the shadow of death), to guide our feet into the path of peace."]

- in darkness; 어둠 속에
- in the shadow of death; 죽음의 그늘 속에
- the path of peace; 평화의 길

- to shine on those ~(~ 사람들에게 비추기 위해)는 부사적 용법의 부정사로 78절에 동사 will come을 수식한다.
- living in ~(~에서 살고 있는)은 those(사람들)를 수식한다.
- to guide A into B (그래서 A를 B로 인도한다)는 결과표시 부사적 용법의 부정사다.
- feet; foot(발)의 복수형

80

And the child **grew** and **became** strong in spirit; and he **lived** in the desert <until he **appeared** publicly to Israel>.

- 1형식동사 grow(자라다) cf. 2형식동사 grow ~(~이 되다) 3형식동사 grow ~(~을 기르다)
- until ~(~까지)은 종속접속사로 부사절(그가 이스라엘사람들에게 나타날 때 까지)공개적으로 인도한다.
- 1형식동사 appear(나타나다) cf. 2형식동사 appear ~(~처럼 보이다)

탄생과 나사렛 유년시절 그리고 선교준비

예수의 탄생

누가 2:1-7

01

In those days Caesar Augustus **issued** a decree [that a census **should be taken** of the entire Roman world].

- in those days; 그 당시
- Caesar Augustus/씨~저 오거스터스/; 황제 아우구스토, 가이사 아구스도
- issue ~; ~을 공포하다
- decree; 법령

- that은 종속접속사로 명사절을 인도한다. 이 명사절은 a decree와 동격 관계를 나타낸다. 이것을 동격 명사절이라 한다.
- a census should be taken of ~는 should take a census of ~(~을 인구조사 해야 한다)의 수동태이다.

02

(This **was** the first census (that **took place** <while Quirinius **was** governor of Syria>.))

- the first census; 첫 인구조사
- take place; 시행하다, 일어나다
- Quirinius/퀴뤼니어스/; 구레뇨
- governor; 총독, 통치자, 지사
- Syria/씨뤼어/; 시리아

- that은 관계대명사로 형용사절을 인도한다, 이 형용사절(시행한)은 the first census를 수식한다.
- while ~(~ 동안)은 종속접속사로 부사절(구레뇨가 시리아 총독이었던 동안)을 인도한다.

03

And everyone **went** to his own town to register.

- everyone은 단수다. 그래서 대명사 his로 받는다.
- to register는 부사적 용법(등록하러)의 부정사로 동사 went를 수식한다.

04

So Joseph also **went up** from the town of Nazareth in Galilee to Judea, to Bethlehem the town of David, <because he **belonged** to the house and line of David>.

- go up; 올라가다
- Nazareth/**내저뤄스**/; 나사렛
- Judea/주~**디**~어/; 유대
- belong to ~; ~에 속하다
- line; 혈통
- from A to B; A에서 B로
- Galilee/**갤**럴리~/; 갈릴리
- Bethlehem/**베**슬러헴/; 베들레헴
- house; 가문

- Bethlehem과 the town of David는 동격이다
- because ~(~ 때문에)는 종속접속사로 부사절(그가 다윗 가문의 혈통에 속했기 때문에)을 인도한다.

05

He **went** there to register with Mary, (who **was pledged** to be married to him and **was expecting** a child).

- be pledged to부정사; ~하기로 약속하다
- expect a child; 아이를 낳을 예정이다
- be married to ~; ~와 결혼하다

- to register는 부사적 용법(등록하러)의 부정사로 동사 went를 수식한다.

06

\<While they **were** there\>, the time **came** for the baby to be born,

- for the baby는 부정사 to be born의 의미상의 주어다. 주어처럼 '아기가'라고 해석한다.
- to be born은 형용사적 용법(태어날)의 부정사로 명사 the time(시간, 때)을 수식한다.
- while(~동안에)은 형종속접속사로 부사절(그들이 거기에 있는 동안에) 을 인도한다.

07

and she **gave** birth to her firstborn, a son. She **wrapped** him in cloths and **placed** him in a manger, \<because there **was** no room for them in the inn\>.

- give birth to ~; ~을 낳다
- wrap ~; ~을 감싸다
- inn; 여관, 여인숙
- firstborn; 첫 아이, 맏이
- manger/메인저ㄹ/; 여물통, 구유

- because ~(~때문에)는 종속접속사로 부사절(왜냐하면 여관에 그들을 위한 방이 없었기 때문이다)을 인도한다.

큰 기쁨을 먼저 목자들에게 알리다

누가 2:8-20

08

And there **were** shepherds living out in the fields nearby, keeping watch over their flocks at night.

- shepherd; 목동
- nearby; 근처에
- keep watch over ~; ~을 감시하다, ~을 지키다
- flock; 양떼

- living out(밖에 살고 있는)은 현재분사로 주어 shepherds를 수식한다.
- keeping watch over ~(=and they kept watch over ;그리고 그들은 ~을 지켰다)는 분사 구문이다.

09

An angel of the Lord **appeared** to them, and the glory of the Lord **shone** around them, and they **were** terrified.

- terrified; 무서워하는, 겁먹은

- 1형식동사 appear(나타나다)
- them은 대명사로 shepherds를 대신한다.
- 1형식동사 shine(비추다)

10

But the angel **said** to them, ["**Do** not **be** afraid. I **bring** you good news of great joy (that **will be** for all the people).

- 3형식동사 said의 목적어는 12절까지다.
- 4형식동사 bring A B(A에게 B를 가져다주다)
- 'of+추상명사(=of great joy ; 아주 기쁜)'는 형용사구로 명사 good news를 수식한다.
- 1형식동사 be(~이 있다)
- that은 관계대명사로 형용사절을 인도한다. 이 형용사절(모든 사람에게 있을)은 선행사 good news(복음)를 수식한다.

11

Today in the town of David a Savior **has been born** to you; he **is** Christ the Lord.

- has been born to ~(~에게 태어났다)는 현재완료수동이다.

12

This **will be** a sign to you: You **will find** a baby wrapped in cloths and lying in a manger."]

- wrapped in ~(~에 싸여있는)은 과거분사로 a baby를 수식한다.
- lying in ~(~에 누워있는)은 현재분사로 a baby를 수식한다.

13

Suddenly a great company of the host **appeared** with the angel, praising God and saying,

- **suddenly**; 갑자기
- **company**; 일행, 무리
- **host**; 군대

- 1형식동사 appear(나타나다)
- praising ~ and saying ~은 분사 구문(=and they praised ~ and said ~; 그리고 그들은 ~을 찬송하고 ~라 말했다)이다. saying의 목적어는 14절이다.

14

["Glory to God in the highest, and on earth peace to men (on whom his favor **rests**)."]

- **rest on ~**; ~위에 머무르다

- 14절은 13절에 분사 saying의 목적어다. 타동사의 현재분사 뒤에는 목적어가 있다.
- glory 뒤에 동사 be가 생략된 명령문이다. Glory be to ~.(~에게 영광이 있으라.)
- peace 뒤에 동사 be가 생략된 명령문이다. Peace be to ~.(~ 에게 평화가 있으라.)
- whom은 관계대명사로 형동사절(그의 은혜가 머무르는)을 인도한다. 이형용사절은 선행사 men(사람들)을 수식한다.

15

<When the angels **had left** them and **gone** into heaven>, the shepherds **said** to one another, ["**Let**'s go to Bethlehem and see this thing (that **has happened**), (which the Lord **has told** us about)."]

- **one another**; 서로

- when ~(~때)은 종속접속사로 부사절(천사들이 그들을 떠나 하늘로 갔을 때)을 인도한다.
- 3형식동사 leave ~(~을 떠나다)
- had left ~ and gone은 대과거로 주절의 동사 said보다 이전 시제를 나타낸다.
- and는 등위접속사로 사역동사 let의 목적보어인 원형부정사 go to ~와 see ~를 연결한다.
- that은 주격 관계대명사로 형용사절(일어난)을 인도한다. 선행사는 this thing이다.
- which는 목적격(=전치사 about의 목적어) 관계대명사이며 형용사절(주께서 우리에 말씀하신)을 인도한다. 선행사는 this thing이다.

16

So they **hurried off** and **found** Mary and Joseph, and the baby, (who **was lying** in the manger).

- **hurry off**; 서둘러 떠나다

- 첫 번째 and는 등위접속사로 동사 hurried off와 found ~를 연결한다.
- 두 번째 and는 등위접속사로 동사 found의 목적어인 세 명사 Mary와 Joseph와 the baby를 연결한다.
- , who는 계속적 용법의 관계대명사로 선행사는 the baby다. (그리고 그 아기는 구유에 누워 있었다)

17

<When they **had seen** him>, they **spread** the word concerning [what **had been told** them about this child],

- **spread ~**; ~을 퍼뜨리다, 전하다
- **concerning**; ~에 관한

- had seen은 대과거로 과거인 주절의 동사 spread보다 이전 시제임을 나타낸다.
- 3형식동사 spread ~   cf. spread-spread-spread
- what(~ 것)은 관계대명사로 명사절을 인도한다.
  이 명사절은(이 아이에 대하여 그들에게 이야기 되었던 것) 전치사 concerning의 목적어다
- tell은 목적어가 두 개있는 4형식동사로 수동태가 되더라도 목적어가 있다

18

and all (who **heard** it) **were** amazed at [what the shepherds **said** to them].

- **be amazed at ~**; ~에 놀라다

- and는 등위접속사로 17절과 18절의 두 문장을 연결한다.
- who는 관계대명사로 형용사절을 인도한다. 이 형용사절(그 말을 들은)은 선행사 all을 수식한다.
- what(~ 것)은 관계대명사로 명사절을 인도한다. 이 명사절(목자들이 그들에게 말한 것)은 전치사 at의 목적어다.

19

But Mary **treasured up** all these things and **pondered** them in her heart.

- **treasure up ~**; ~을 소중히 간직하다
- **ponder ~**; ~을 곰곰이 생각하다

- them은 대명사로 all things를 대신한다.

20

The shepherds **returned**, glorifying and praising God for all the things (they **had heard** and **seen**), (which **were** just <as they **had been told**>).

- **one another**; 서로

- and는 부대상황을 나타내는 분사구문 glorifying(영광을 돌리면서)과 praising(찬송을 하면서)을 연결한다.
- for ~(~ 때문에)는 전치사로 목적어는 all the things다
- things 뒤에 형용사절(그들이 듣고 본)을 인도하는 목적격 관계대명사 that이 생략되었다.
  선행사는 all the things다.
- , which는 관계대명사의 계속적 용법으로 형용사절(그런데 그것들은 그들이 들은 그대로 이었다)을 인도한다.
  선행사는 all the things다.
- just(정확한)는 형용사로 동사 were의 보어다.

동방박사들의 경배

마태 2:1-12

01

<After Jesus **was born** in Bethlehem in Judea>, during the time of King Herod, Magi from the east **came** to Jerusalem

- after ~(~후에)는 종속접속사로 부사절을 인도한다.
- Magi/**메**이자이/; Magus/**메**이거스/(동방 박사)의 복수형이다
- during ~(~ 동안에)은 전치사로 목적어는 the time이다.

02

and **asked**, ["Where **is** the one (who **has been born** king of the Jews)? We **saw** his star in the east and **have come** to worship him."]

- who는 관계대명사로 형용사절을 인도한다. 이 형용사절(유대인의 왕으로 태어난)은 선행사 the one(사람)을 수식한다.
- 첫 번째 and는 등위접속사로 1절의 동사 came과 asked ~를 연결한다. 주어는 Magi(동방 박사들)이다.
- where(어디에)는 의문부사로 의문문(~한 사람이 사람이 어디 있느냐?)을 인도한다.
  *의문문이 명사절이 되려면 간접의문문으로 고치거나 인용부호를 사용한다.
- 두 번째 and는 등위접속사로 동사 saw와 have come을 연결한다.
- to worship ~은 부사적 용법(~를 경배하러)의 부정사로 동사 have come을 수식한다.

03

<When King Herod **heard** this> he **was** disturbed, and all Jerusalem with him.

• disturbed; 불안한

- all Jerusalem/저**루**~설럼/(예루살렘) 뒤에 동사 'was disturbed'가 생략되었다.
- when ~(~때)은 종속접속사로 부사절(헤롯왕이 이것을 들었을 때)을 인도한다.
- him은 대명사로 Herod를 대신한다.

04

<When he **had called** together all the people's chief priests and teachers of the law>, he **asked** them [where the Christ **was** to be born].

- chief priest; 대제사장
- teacher of the Law; 율법 학자, 서기관

- when ~(~때)은 종속접속사로 부사절(그가 모든 대제사장들과 서기관들을 함께 불렀을때) 을 인도한다.
- and는 동사 had called의 목적어 chief priests와 teachers of the Law를 연결한다.
- where(어디서)는 의문부사로 명사절인 간접의문(어디에서 그리스도가 태어날지)을 인도한다.
  이 명사절은 4형식동사 asked의 직접목적어다.

05

"In Bethlehem in Judea," they **replied**, "for this **is** [what the prophet **has written**]:

- reply ~; ~라고 대답하다

- 삽입, they replied
- 등위접속사 for(왜냐하면)
- what(~ 것)은 관계대명사로 명사절을 인도한다. 이 명사절(그 예언자가 기록한 것)은 동사 is의 보어다.

06

["'But you, Bethlehem, in the land of Judah, **are** by no means least among the rulers of Judah; for out of you **will come** a ruler (who **will be** the shepherd of my people Israel).'"]

- by no means~; 결코 ~이 아닌
- among the rulers of Judah; 유대의 통치자들 가운데서
- out of ~; ~로부터, ~에게서

- 6절 전체는 5절 what the prophet has written(그 예언자가 기록한 것)의 부연이다.
- you와 Bethlehem은 동격이다.
- 도치, out of you(부사구) **will come**(동사) a ruler(주어) who ~ .
  *주부가 술부 보다 상대적으로 길 때 문장의 균형을 위해 '술부+주부'로 만든다.
- who는 관계대명사로 형용사절을 인도한다. 이 형용사절(나의 백성 이스라엘의 목자가 될)은 선행사 a ruler를 수식한다.

07

Then Herod **called** the Magi secretly and **found out** from them the exact time (the star **had appeared**).

- Magi/메이자이/; 동방 박사들
- secretly; 은밀히
- find out ~; ~을 알아내다

- 등위접속사 and는 동사 called~ 와 found out~을 연결한다.
- 3형식동사 find out ~의 목적어는 the exact time(정확한 시간)이다.
- the exact time 뒤에 관계부사 when이 생략되었다. 관계부사는 형용사절(별이 나타났던)을 인도한다.
- had appeared는 대과거로 동사 found out보다 먼저 있었던 일을 나타낸다.

08

He **sent** them to Bethlehem and **said**, ["**Go** and **make** a careful search for the child. <As soon as you **find** him>, **report** to me, <so that I too **may go** and **worship** him>."]

- make a careful search for ~; ~을 주의 깊게 찾다
- as soon as ~; ~하자마자
- report to A; A에게 보고하다

- , so that may ~는 종속접속사로 결과를 나타내는 부사절(그래서 나도 또한 가서 경배할 것이다)을 인도한다.
- I too **may go** and **worship** him.(=I **may go** and **worship** him too.)

09

<After they **had heard** the king>, they **went** on their way, and the star (they **had seen** in the east) **went** ahead of them <until it **stopped** over the place (where the child **was**)>.

- go on one's way; 길을 떠나다
- ahead of ~; ~ 앞에

- had heard는 대과거로 주절의 동사 went보다 먼저 있었던 일을 나타낸다.
- the star 뒤에 형용사절(그들이 동방에서 보았던)을 인도하는 목적격 관계대명사 that이 생략되었다.
- where는 관계부사로 형용사절을 인도한다. 이 형용사절(아기가 있는)은 선행사 the place를 수식한다.
- 1형식동사 was

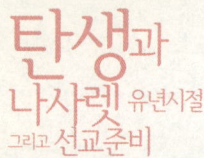

10

<When they **saw** the star>, they **were** overjoyed.

- when~(~ 때)은 종속접속사로 부사절(그들이 그별을 보았을 때)을 인도한다.
- overjoyed(매우 기쁜)는 형용사로 2형식동사 were의 보어다.

11

On coming to the house, they **saw** the child with his mother Mary, and they **bowed down** and **worshiped** him. Then they **opened** their treasures and **presented** him with gifts of gold and of incense and of myrrh.

- on ~ing; ~하자마자
- worship ~;~를 숭배하다, ~를 예배하다
- present A with B; A에게 B를 선사하다
- incense; 향
- bow down; 절하다
- treasure; 보물 상자
- gift of ~; ~ 선물
- myrrh/머~ㄹ/; 몰약

- of~(~라는, ~인)는 동격을 나타내는 전치사다.

12

And having been warned in a dream not to go back to Herod, they **returned** to their country by another route.

- return to ~; ~로 돌아가다
- route; 길

- having been warned in ~은 완료 분사 구문으로 부사절로 고치면
  as they had been warned in a dream ~(그들이 꿈에 ~ 경고를 받았기 때문에)이다.
- not to go back to ~에서 not은 부정사를 부정한다.
  이 부정사는 명사적 용법(~ 에게 돌아가지 말 것을)으로 having been warned의 보어다.
- another(다른) 뒤에는 단수명사를 쓴다.

JESUS ENGLISH

4주차

예수가 자린 곳, 나사렛은 허름한 산동네였습니다.

그래서 사람들은 '나사렛 예수'라고 부르곤 했습니다.
그 의미는 그리 좋은 게 아니었습니다.

유대의 역사가 요세푸스는 그의 저서에서
갈릴리 45개 도시를 다루면서 나사렛은 언급조차 않았고
지혜서 탈무드도
갈릴리 63개 도시를 말하면서 나사렛은 제외시켰습니다.

그럼에도 불구하고
나사렛 깡 촌 출신 소년 예수는 자라나며

점차 강해지고 지혜로워졌다고 성경은 기록하고 있습니다.

하나님의 은혜가 그의 머리 위에 머물렀기 때문입니다.

탄생과 나사렛 유년시절 그리고 선교준비

아기 예수의 정결의식

누가 2:21-39

21

On the eighth day, <when it **was** time to circumcise him>, he **was named** Jesus, the name (the angel **had given** him <before he **had been conceived**>).

- conceive ~; ~을 임신하다

- eighth(여덟 번째)는 서수로 뒤에는 단수명사(day)를 쓴다.
- it is time to circumcise ~에서 it은 비인칭 주어로 해석하지 않는다.
- to circumcise ~는 형용사적 용법(~에게 할례를 행할)의 부정사로 time(때)을 수식한다.
- the name 뒤에 형용사절(천사가 그에게 준)을 인도하는 관계대명사 whom이 생략되었다.
- had been conceived는 대과거로 was named보다 이전 시제임을 나타낸다.

22

<When the time of their purification according to the Law of Moses **had been completed**>, Joseph and Mary **took** him to Jerusalem to present him to the Lord

- purification; 정결, 정화   • according to ~; ~에 따라   • the Law of Moses; 모세의 율법
- take A to B; A를 B로 데려가다   • present B to A; B를 A에게 선물하다, 드리다

- to present ~는 부사적 용법(~을 드리기 위해)의 부정사로 동사 took을 수식한다.

23

(<as it **is written** in the Law of the Lord>, ["Every firstborn male **is** to be consecrated to the Lord"]),

- consecrate ~; ~를 바치다

- as~ (~대로)는 종속접속사로 부사절(주님의 율법에 기록된 대로)을 인도한다. 주절은 22절이다.
- every 뒤에는 단수명사를 써야 한다.

24

and to offer a sacrifice in keeping with [what **is said** in the Law of the Lord]: "a pair of doves or two young pigeons."

- offer a sacrifice; 희생제물을 드리다
- dove; 비둘기, 흰 비둘기
- in keeping with ~; ~에 따라
- pigeon; 비둘기

- and는 등위접속사로 22절에 부정사 to present ~와 24절 to offer ~를 연결한다.
- to offer ~는 부사적 용법(~을 드리기 위해)의 부정사로 22절에 동사 took(데려갔다)을 수식한다.
- in ~은 전치사로 목적어는 동명사 keeping with ~다.
- what(~ 것)은 관계대명사로 명사절을 인도한다.
  이 명사절(주님의 율법에 말씀이 되어 진 것)은 전치사in keeping with의 목적어다.

25

Now there **was** a man in Jerusalem called Simeon, (who **was** righteous and devout). He **was waiting** for the consolation of Israel, and the Holy Spirit **was** upon him.

- Simeon/**씨**미언/; 시므온
- devout/디**바**웉/; 경건한
- consolation/칸설레이션/; 위로
- righteous/**롸**이쳐스/; 의로운
- wait for ~; ~를 기다리다

- called ~(~라 불리는)는 과거분사로 명사 a man(사람)을 수식한다.
- , who는 관계대명사 계속적 용법으로 형용사절(그런데 그는(=시므온) 의롭고 경건했다)을 인도한다.
  선행사는 Simeon이다.
- 등위접속사 and는 was의 보어인 형용사 righteous와 devout을 연결한다.

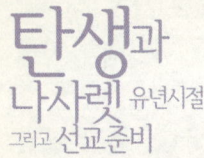

26

It **had been revealed** to him by the Holy Spirit [that he **would** not **die** <before he **had seen** the Lord's Christ>].

- reveal B to A; B를 A에게 계시하다
- the Lord's Christ; 주 그리스도

- It had been revealed to A that절은 '가주어(it) 진 주어(that절) 구문'이다.
- had been revealed to ~는 대과거로 would not die보다 이전 시제를 나타낸다.
- before(~ 전에)는 종속접속사로 부사절(그가 주 그리스도를 보기 전에)을 인도한다.
  접속사 before ~뒤에 과거완료(had seen)는 과거(saw)로 쓸 수 있다.

27

Moved by the Spirit, he **went** into the temple courts. <When the parents **brought in** the child Jesus to do for him [what the custom of the Law **required**]>,

- temple court; 성전
- bring in ~; ~를 데려오다
- child Jesus; 어린 예수
- require; 요구하다

- moved ~는 수동태 분사 구문으로 moved앞에 being이 생략되었다. Moved by Spirit(= Led by Spirit; 성령에 이끌리어)
- he는 Simeon(시므온)을 가리키는 대명사다.
- to do ~는 부사적 용법(~을 하려고)의 부정사로 동사 brought in ~을 수식한다.
- what(~ 것)은 관계대명사로 명사절을 인도한다. 이 명사절(율법의 풍습이 요구한 것)은 to do의 목적어다.

28

Simeon **took** him in his arms and **praised** God, saying:

- take ~ in his arms; ~를 그의 팔에 안다

- and는 등위접속사로 동사 took ~과 praised ~를 연결한다.
- saying ~(=and he said ~;그리고 그는 ~라고 말했다)은 분사 구문으로 목적어는 29~32절까지다.

29

["Sovereign Lord, <as you **have promised**>, you now **dismiss** your servant in peace.

- sovereign/싸버륀/; 주권자
- dismiss ~ in peace; ~를 평화롭게 떠나보내다

- as ~(~ 대로)는 종속접속사로 부사절(당신이 약속한 대로)을 인도한다.
- have promised는 현재완료로 '과거부터 현재'까지를 나타낸다. 즉 과거에 한 약속이 현재까지 유효함을 나타낸다.

30

For my eyes **have seen** your salvation,

- salvation; 구원

- 등위접속사 for(왜냐하면)

31

(which you **have prepared** in the sight of all people),

- in the sight of ~; ~ 앞에

- , which는 관계대명사의 계속적 용법으로 형용사절
  (그리고 당신은 이것을(=당신의 구원을) 모든 사람 앞에 준비하셨다)을 인도한다. 선행사는 31절에 your salvation이다.

32

a light for revelation to the Gentiles and for glory to your people Israel."]

- revelation/뤠벌레이션/; 계시
- Gentile/젠타일/; 이교도

- a light와 30절 your salvation은 동격
- and는 등위접속사로 전치사 for의 목적어 revelation to ~(~에게 계시를 위한)와 glory to ~(~에게 영광을 위한)를 연결한다.

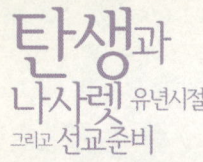

33

The child's father and mother **marveled** at [what **was said** about him].

- **marvel at ~**; ~에 놀라다

- what(~ 것)은 관계대명사로 명사절을 인도한다. 이 명사절(그에 대해 이야기 된 것)은 전치사 at의 목적어다.

34

Then Simeon **blessed** them and **said** to Mary, his mother: ["This child **is destined** to cause the falling and rising of many in Israel, and to be a sign (that **will be spoken against**),

- **bless ~**; ~을 축복하다
- **be destined to**부정사; 주어는 ~할 사람이다, ~할 운명이다, ~하도록 정해지다
- **falling and rising of ~**; ~의 흥망
- **sign**; 표적
- **be spoken against**; 비방을 받다

- said의 목적어는 35절까지다.
- to cause ~는 명사적 용법(~을 일으킬)의 부정사로 동사 is destined(~ 운명이다)의 보어다
- the falling and rising of ~는 명사적 용법의 부정사 to cause의 목적어다.
- and는 등위접속사로 동사 is destined의 보어 to cause ~(~ 일으키고)와 to be ~(~이 될)를 연결한다.
- that은 관계대명사로 형용사절을 인도한다. 이 형용사절(비방을 받게 될)은 선행사 a sign을 수식한다.

35

<so that the thoughts of many hearts **will be revealed**>.
And a sword **will pierce** your own soul too."]

- **reveal ~**; ~을 드러내다
- **sword**/쏘~ㄹ드/; 칼, 검
- **pierce**/피어ㄹ스/ ~; ~을 찌르다

- , so that will ~(그래서 ~할 것이다)은 종속접속사로 결과표시 부사절
  (그래서 많은 사람들의 생각이 드러나게 될 것이다)을 인도한다.

36

There **was** also a prophetess, Anna, the daughter of Phanuel, of the tribe of Asher. She **was** very old; she **had lived** with her husband seven years after her marriage,

- prophetess/프롸피티스/; 여자 예언자 cf. prophet; 예언자
- Anna/아~너/; 안나
- Phanuel/패뉴얼/; 바누엘
- Asher/애셔ㄹ/; 아셀

- a prophetess, Anna, the daughter of Phanuel은 동격이다.
- had lived with ~는 대과거로 동사 was보다 이전 시제를 나타낸다.

37

and then **was** a widow <until she **was** eighty-four>. She never **left** the temple but **worshiped** night and day, fasting and praying.

- never A but B; A하지 않고 B하다
- fast; 금식하다, 단식하다

- and는 등위접속사로 36절의 동사 had lived with ~와 was ~를 연결한다.
- night and day (밤낮) 처럼 짝이나 대조를 이루는 단어가 전치사로 연결될 때는 관사를 쓰지 않는다.
- fasting and praying은 분사 구문이다.(그리고 그녀는 금식하고 기도했다)

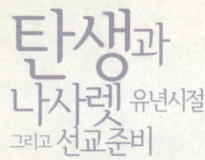

38

Coming up to them at that very moment, she **gave** thanks to God and **spoke** about the child to all (who **were looking forward to** the redemption of Jerusalem).

- give thanks to ~에게 감사하다
- redemption; 구원
- look forward to ~; ~을 학수고대하다
- Jerusalem/저루~설럼/; 예루살렘

- coming up to ~(그녀가(=안나가) ~에게 다가가서)은 분사 구문이다.
- and는 등위접속사로 동사 gave ~와 spoke about ~를 연결한다.
- who는 관계대명사로 형용사절을 인도한다. 이 형용사절(예루살렘의 구원을 학수고대하고 있었던)은 선행사 all을 수식한다.
- look forward to ~에서 to는 전치사이므로 목적어가 필요하다.
  *look forward to 뒤에 동사원형을 쓰지 않도록 주의한다.

39

<When Joseph and Mary **had done** everything required by the Law of the Lord>, they **returned** to Galilee to their own town of Nazareth.

- required; 요구된, 필요한
- return to ~; ~로 돌아오다 cf. return ~; ~을 반납하다, 돌려주다
- everything; 모든 것

- when (~ 때)은 종속접속사로 부사절(요셉과 마리아가 주님의 율법이 요구하는 모든 것을 하고)을 인도한다.
- required는 과거분사(요구된)로 everything을 수식한다.

탄생과 나사렛 유년시절 그리고 선교준비

애굽으로의 피난

마태 2:13-23

13

<When they **had gone**>, an angel of the Lord **appeared** to Joseph in a dream. ["**Get up**," he **said**, "**take** the child and his mother and **escape** to Egypt. **Stay** there <until I **tell** you>, for Herod **is going to search for** the child to kill him."]

- appear; 나타나다
- escape; 피신하다
- stay; 머물다
- be going to 동사원형; ~하려 하다
- search for ~; ~을 찾다

- had gone은 대과거로 appeared to ~보다 이전 시제를 나타낸다.
- 삽입, he said
- 등위접속사 for(왜냐하면)
- to kill ~은 부정사의 부사적 용법~(~를 죽이려고)으로 부정사 동사 is going to search for ~를 수식한다.

14

So he **got up, took** the child and his mother during the night and **left** for Egypt,

- leave for ~; ~로 떠나다   cf. leave ~; ~를 떠나다
- Egypt/**이**~짚트/; 이집트
- during the night; 밤중에

- 첫 번째 and는 등위접속사로 동사 took의 목적어 the child와 his mother를 연결한다.
- 두 번째 and는 등위접속사로 세 동사 got up, took ~, left ~를 연결한다.

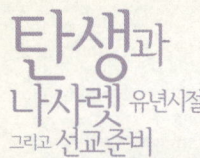

15

(where he **stayed** until the death of Herod). And so **was fulfilled** [what the Lord **had said** through the prophet]: ["Out of Egypt I **called** my son."]

- out of ~; ~로부터, ~에서

- , where는 계속적 용법의 관계부사로 and there(그리고 거기서(=이집트에서))라고 풀어서 해석한다.
  선행사는 14절에 Egypt다.
- 도치, so(부사) **was fulfilled**(동사) [what the Lord **had said** through the prophet](주어)
- what(~ 것)은 관계대명사로 명사절을 인도한다.
  이 명사절(하나님이 예언자를 통해서 말씀하셨던 것)은 동사 was fulfilled의 주어다.
- had said는 대과거로 주절의 동사 was fulfilled보다 이전 시제이다.

16

<When Herod **realized** [that he **had been outwitted** by the Magi]>, he **was** furious, and he **gave** orders to kill all the boys in Bethlehem and its vicinity (who **were** two years old and under), in accordance with the time (he **had learned** from the Magi).

- outwit ~; ~를 속이다
- vicinity; 부근, 인근
- in accordance with ~; ~에 따라서, ~과 일치하여

- that ~(~ 것)은 종속접속사로 명사절을 인도한다. 이 명사절(그가 동방 박사들에게 속았다는 것)은
  동사 realized의 목적어다.
- had been outwitted는 과거완료수동으로 realized보다 이전 시제이다.
- to kill ~은 부사적 용법(~를 죽이도록)의 부정사로 동사 gave orders(명령했다)를 수식한다.
- who는 관계대명사로 형용사절을 인도한다. 이 형용사절(두 살 이하인)은 선행사 all the boys(모든 사내아이들)를 수식한다.
- the time 뒤에 형용사절(그가 동방박사들로부터 안)을 인도하는 목적격 관계대명사 that이 생략되었다.

17

Then [what **was said** through the prophet Jeremiah] **was fulfilled**:

- Jeremiah/제뤄**마**이어/; 예레미야

- what(~ 것)은 관계대명사로 명사절을 인도한다. 이 명사절(예언자 예레미야를 통해서 이야기된 것)은 was fulfilled의 주어다.

18

["A voice **is heard** in Ramah, weeping and great mourning, Rachel weeping for her children and refusing to be comforted, <because they **are** no more>."]

- Ramah/**롸**마/; 라마
- mourning; 비탄, 애도, 슬픔
- weeping; 울음
- refuse to부정사; ~하기를 거절하다

- A voice와 '(the voice of) weeping and great mourning'은 동격
- great는 형용사로 명사 mourning을 수식한다.
  *mourning이 동명사나 분사라면 형용사가아니라 부사의 수식을 받아야한다.
- Rachel weeping for ~는 독립 분사 구문이다.(라헬은 ~ 때문에 운다)
  *독립분사구문은 주절의 주어(a voice)와 분사 구문의 주어(Rachel)가 다를 때 분사 구문의 주어를 생략하지 않는 것을 말한다.
- and는 등위접속사로 두 분사 구문 weeping ~과 refusing ~을 연결한다.
- to be comforted는 부정사의 수동태로 명사적 용법(위로 받기를)이다. 분사 refusing의 목적어.
- because(왜냐하면)는 종속접속사로 부사절(왜냐하면 그들이(=아이들이) 더 이상 없기 때문이다.)을 인도한다.
- they는 대명사로 children을 대신한다.

19

<After Herod **died**>, an angel of the Lord **appeared** in a dream to Joseph in Egypt

- after~(~ 후에)는 종속접속사로 부사절(헤롯이 죽은 후에)을 인도한다.
- 1형식으로 쓰인 appear(나타나다)

20

and **said**, ["**Get up, take** the child and his mother and **go** to the land of Israel, for those (who **were trying** to take the child's life) **are** dead."]

- those who ~; ~하는 사람들
- take one's life; 목숨을 빼앗다

- and는 등위접속사로 19절에 동사 appeared in ~과 said ~를 연결한다.
- 등위접속사 for(왜냐하면)
- who는 관계대명사로 형용사절을 인도한다. 이 형용사절(그 아기(=예수)의 목숨을 빼앗으려는)은 선행사 those(사람들)를 수식한다.
- to take ~는 명사적 용법(~을 빼앗으려고)의 부정사로 동사 were trying의 목적어다.

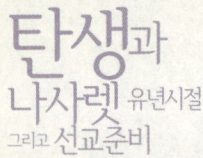

21

So he **got up**, **took** the child and his mother and **went** to the land of Israel.

- 첫 번째 and는 등위접속사로 동사 took의 목적어 the child와 his mother를 연결한다.
- 두 번째 and는 등위접속사로 세 동사 got up, took ~, went to ~를 연결한다.

22

But <when he **heard** [that Archelaus **was reigning** in Judea in place of his father Herod]>, he **was** afraid to go there. Having been warned in a dream, he **withdrew** to the district of Galilee,

- Archelaus/애컬**로**우어스/; 아켈로오스, 아켈라오
- reign in ~; ~를 통치하다
- in place of ~; ~ 대신에
- be afraid to부정사; ~ 하기를 두려워하다 cf. be afraid of ~; ~을 두려워하다
- withdraw to ~; ~로 철수하다, ~로 들어가다

- that ~(~ 것)은 종속접속사로 명사절을 인도한다.
  이 명사절(아켈라오가 그의 아버지 헤롯 대신 유대를 통치하고 있다는 것)은 동사 heard의 목적어다.
- to go ~는 부사적 용법(~에 가기가)의 부정사로 형용사 afraid를 수식한다.
- Having been warned는 완료 분사 구문이다. 주절의 동사가 과거 withdrew이므로 대과거를 나타낸다.
  이를 부사절로 고치면 'As he had been warned in a dream'(그가 꿈에 경고를 받았기 때문에)이 된다.

23

and he **went** and **lived** in a town called Nazareth. So **was fulfilled** [what **was said** through the prophets]: ["He **will be called** a Nazarene."]

- town; 마을
- Nazarene/내저**뤼**~인/; 나사렛 사람

- and는 등위접속사로 두 문장을 연결한다.
- called ~(~라 불리는)는 과거분사로 명사 a town을 수식한다.
- 도치, So(부사) **was fulfilled**(동사) [what **was said** through the prophets](주어)
  (예언자들을 통해서 이야기 된 것이 그렇게 이루어졌다)
- what(~ 것)은 관계대명사로 명사절을 인도한다. 이 명사절(예언자들을 통해서 이야기 된 것)은
  동사 was fulfilled의 주어다.
- 5형식동사 call이 수동태가 되면 2형식이 된다. 따라서 목적보어였던 a Nazarene은 주격보어가 된다.

성전을 방문한 소년 예수

누가 2:40-52

40

And the child **grew** and **became** strong; he **was filled** with wisdom, and the grace of God **was** upon him.

- grow; 자라다   • strong; 강한   • become~; ~이 되다   • be filled with ~; ~로 가득 차다

- strong은 형용사로 2형식동사 become의 보어다.
- 1형식동사 was(있었다)

41

Every year his parents **went** to Jerusalem for the Feast of the Passover.

- the Feast of the Passover; 유월절 축제

- every 뒤에는 반드시 단수명사가 온다.

42

\<When he **was** twelve years old\>, they **went up** to the Feast, according to the custom.

- go up to ~; ~로 올라가다   • according to ~; ~에 따라   • custom; 관례, 풍습

- when ~(~ 때)은 종속접속사 부사절(그가 12살 이었을 때)을 인도한다.
- according to ~는 전치사로 목적어는 the custom이다.

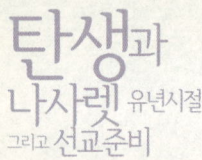

43

<After the Feast **was over**>, <while his parents **were returning** home>, the boy Jesus **stayed behind** in Jerusalem, but they **were** unaware of it.

- be over; 끝나다
- return; 돌아가다
- stay behind; 뒤에 남다
- while; ~ 하는 동안
- home; 집으로
- be unaware of ~; ~을 모르다

- while ~은 종속접속사로 부사절(그의 부모가 집으로 돌아가고 있는 반면에)을 인도한다.
- home은 부사로 1형식동사 return을 수식한다.

44

Thinking [he **was** in their company], they **traveled on** for a day. Then they **began** looking for him among their relatives and friends.

- be in one's company; ~의 일행 중에 있다
- relative; 친척
- travel on for a day; 하루 동안 계속 이동하다
- friend; 친구

- thinking ~은 분사 구문이다. (=As they thought ~; 그들은 ~라고 생각해서)
- thinking 뒤에 명사절을 인도하는 종속접속사 that(~ 것)이 생략되었다.
  이 명사절(그가(=예수가) 그들의 일행 중에 있다고)은 thinking의 목적어다.
- looking for ~는 동명사로 동사 began의 목적어다. 동사 begin의 목적어로 to부정사(to look for ~)를 쓸 수 있다.
- among(~ 사이에) 뒤에는 반드시 복수 명사가 온다.

45

<When they **did** not **find** him>, they **went back** to Jerusalem to look for him.

- go back to ~; ~로 돌아가다

- when ~(~ 때)은 종속접속사로 부사절(그들이(=부모들이) 그를(=예수를)찾지 못하자)을 인도한다.
- to look for ~(~를 찾으러)는 부사적 용법의 부정사로 동사 went back을 수식한다.

46

After three days they **found** him in the temple courts, sitting among the teachers, listening to them and asking them questions.

- after ~(~ 후)는 전치사로 목적어는 three days(3일)다
- sitting among ~, listening to ~, asking ~은 현재분사로 5형식동사 found의 목적보어다.
  (~사이에 앉아서 ~귀를 기울이고 ~에게 질문을 하고 있는 것을 발견했다)
- and는 등위접속사로 세 현재분사 sitting among ~, listening to ~, asking ~을 연결한다.

47

Everyone (who **heard** him) **was** amazed at his understanding and his answers.

• be amazed at ~; ~에 놀라다

- who는 관계대명사로 형용사절을 인도한다.
  이 형용사절(그의 이야기를 들은)은 선행사 everyone(모든 사람)을 수식한다.
- and는 등위접속사로 전치사 at의 목적어 his understanding(그의 지식)과 his answers(그의 대답)를 연결한다.

48

<When his parents **saw** him>, they **were** astonished. His mother **said** to him, ["Son, why **have** you **treated** us like this? Your father and I **have been** anxiously **searching for** you."]

• astonished; 놀란

- when ~(~ 때)은 종속접속사로 부사절(그의 부모가 그를 보고)을 인도한다.
- astonished는 형용사로 동사 were의 보어다.
- have been searching for ~는 현재완료진행이다.(~을 찾고 있었다)

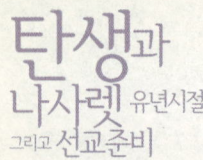

49

["Why **were** you **searching for** me?"] he **asked**. "**Did**n't you **know** [I **had to be** in my Father's house]?"

- 도치, ["Why **were** you **searching** for me?"](목적어) he(주어) **asked**(동사).
- know 뒤에 명사절을 인도하는 종속접속사 that(~ 것)이 생략되었다.
  이 명사절(나는 나의 아버지 집에 있어야한다는 것)은 동사 know의 목적어.
- 1형식동사 be(~에 있다)

50

But they **did** not **understand** [what he **was saying** to them].

- what은 의문대명사(무엇) 또는 관계대명사(~ 것)로 명사절을 인도한다.
  이 명사절(그가 그들에게 무엇을 말하고 있는지=그가 그들에게 말하고 있는 것)은 did not understand의 목적어다.

51

Then he **went down** to Nazareth with them and **was** obedient to them. But his mother **treasured** all these things in her heart.

- be obedient to ~; ~에 순종하다   • treasure ~ in one's heart; ~을 마음 속에 간직하다

- and는 등위접속사로 동사 went down to ~와 was ~를 연결한다.
- these(이 ~)는 지시형용사로 복수명사 things를 수식한다.

52

And Jesus **grew** in wisdom and stature, and in favor with God and men.

- grow in wisdom and stature; 지혜와 키가 자라다   • grow in favor with ~; ~의 마음에 들게 자라다

- 1형식동사 grow(자라다)
- and는 등위접속사로 부사구 in wisdom ~과 in favor with ~를 연결한다.

JESUS ENGLISH

5주차

세례요한은 **광야에서 외치는** 소리였습니다.
낙타털옷을 입고 허리에 가죽 띠를 띠고
메뚜기와 석청을 먹으며
잘못된 길에서 벗어나 좋은 열매를 맺는 삶을 가르쳤습니다.

예수는 세례요한에게 **세례**를 받으십니다.

사십일 밤낮으로 금식한 후
하나님의 영에 이끌리어 마귀에게 시험을 받으십니다.
성경말씀으로 **마귀의 유혹**을 물리친 후,

비로소
세상을 구하기 위한 사역의 길로 들어서게 됩니다.

탄생과 나사렛 유년시절 그리고 선교준비

세례 요한의 활약

누가 3:1-14 (마태 3:1-10, 마가 1:2-6)

01

In the fifteenth year of the reign of Tiberius Caesar--<when Pontius Pilate **was** governor of Judea, Herod tetrarch of Galilee, his brother Philip tetrarch of Iturea and Traconitis, and Lysanias tetrarch of Abilene>--

- reign/뤠인/; 통치기간, 시대
- Tiberius/타이비어뤼어스/; 티베리우스, 디베료
- Pontius Pilate/폰티어스 파이럳/; 본디오 빌라도
- governor; 지사, 총독
- tetrarch/티~트롸~악/; 고대 로마 제국의 4분의 1을 다스리던 영주
- Abilene/애벌리~인/; 애빌린, 아빌레네

- 서수 fifteenth 뒤에는 단수명사 year가 오고, 기수 fifteen 뒤에는 복수명사 years가 온다.
- Herod tetrarch과 Philip tetrarch과 Lyzanias tetrarch 뒤에서 각각 was governor가 생략되었다.

02

during the high priesthood of Annas and Caiaphas, the word of God **came** to John son of Zechariah in the desert.

- Annas/애내스/;안나스
- Caiaphas/카이어퍼스/; 가야바
- priesthood; 성직
- Zechariah/제커롸이어/; 스가랴

- John과 son of Zechariah는 동격으로 전치사 to의 목적어이다

03

He **went** into all the country around the Jordan, preaching a baptism of repentance for the forgiveness of sins.

- Jordan/**조**~ㄹ던/; 요르단 강
- baptism; 세례
- repentance; 회개

- preaching ~은(=and he preached ~; 그리고 그는 ~을 선포하였다) 분사 구문이다.

04

<As **is written** in the book of the words of Isaiah the prophet>: "A voice of one calling in the desert, ['**Prepare** the way for the Lord, **make** straight paths for him.

- Isaiah/아이**제**이어/; 이사야

- as is written in ~(=as it is written in; ~에 쓰여 있는 대로)에서 as는 종속접속사로 부사절을 인도한다.
- calling ~(~을 외치는)은 현재분사로 one(사람)을 수식한다.

05

Every valley **shall be filled in**, every mountain and hill **made** low. The crooked roads **shall become** straight, the rough ways smooth.

- valley; 계곡
- mountain; 산
- hill; 언덕
- crooked/크루키드/; 굽은 *발음에 주의

- every 뒤에는 반드시 단수명사를 쓴다.
- and는 등위접속사로 두 주어 mountain과 hill을 연결한다.
- hill 뒤에 shall be가 생략되었다.
- the rough ways(험한 길들) 뒤에 shall become이 생략되었다.

06

And all mankind **will see** God's salvation.']"

- mankind; 인류

- all 뒤에는 가산명사 복수나 불가산명사가 올 수 있다. mankind는 단수와 복수의 형태가 같다.

07

["You brood of vipers! Who **warned** you to flee from the coming wrath?

- brood; 자식, 무리
- flee from ~; ~에서 달아나다
- wrath/*래스*/; 분노, 천벌
- warn A to부정사; A에게 ~하라고 경고하다

- You와 brood of vipers(독사의 새끼들)는 동격이다.
- who(누가)는 의문대명사로 의문문을 인도한다. 의문사가 주어인 의문문은 어순이 평서문과 같다.
  (누가 너희에게 다가올 분노(=천벌)로부터 달아나라고 경고했느냐?)
- to flee ~는 부정사의 명사적 용법으로 동사 warned의 목적보어다.
- coming(다가오는)은 형용사로 명사 wrath를 수식한다.

08

Produce fruit in keeping with repentance. And **do** not **begin** to say to yourselves, ['We **have** Abraham as our father.'] For I **tell** you [that out of these stones God **can raise up** children for Abraham.]

- in keeping with ~; ~와 일치하여, ~와 조화하여
- say to oneself ~; ~을 마음속으로 생각하다, ~을 혼잣말을 하다
- Abraham/**에**이브뤄헴/; 아브라함
- out of ~; ~로 부터, ~에서
- tell A that절; A에게 ~을 말하다

- to say ~는 명사적 용법의 부정사로 동사 do not begin의 목적어다. begin은 to부정사 또는 동명사를 목적어로 취할 수 있다.
- as ~(~로)는 전치사로 목적어는 our father이다.
- that ~(~ 것)은 종속접속사로 명사절을 인도한다.
  이 명사절(이 돌들로 아브라함을 위한 자녀들을 일으킬 수 있다는 것)은 동사 tell의 직접목적어다.

09

The ax **is** already at the root of the trees, and every tree (that **does** not **produce** good fruit) **will be cut down** and **thrown** into the fire."]

- ax; 도끼
- throw A into B; A를 B에 던져 넣다

- 1형식동사 is(있다)
- every 뒤에는 반드시 단수명사가 와야 한다.
- that은 관계대명사로 형용사절을 인도한다.
  이 형용사절(좋은 열매를 생산하지 않는)은 선행사 every tree (모든 나무)를 수식한다.
- and는 등위접속사로 will be 뒤에 과거분사 cut down과 thrown into ~를 연결한다.

10

["What **should** we **do** then?"] the crowd **asked.**

- 도치, ["What should we do then?"](목적어) the crowd(주어) **asked(동사).**
  ("그러면 우리가 무엇을 해야 합니까?"라고 군중들이 물었다)

11

John **answered,** ["The man with two tunics **should share** with him (who **has** none), and the one (who **has** food) **should do** the same."]

- tunic; 옷, 겉옷
- share with ~; ~와 나누다, ~와 공유하다

- who는 관계대명사로 형용사절을 인도한다. 이 형용사절(아무것도 없는)은 선행사 him을 수식한다.
  *현대영어에서는 him을 one으로 쓴다.
  전치사 with 뒤에는 목적격을, 주격 관계대명사 who 앞에는 주격을 써야 하므로 주격과 목적격이 같은 부정대명사 one을 써야한다.
- 첫 번째 and는 등위접속사로 전치사 with의 목적어 him과 the one을 연결한다.
- 두 번째 who는 관계대명사로 형용사절을 인도한다. 이 형용사절(음식을 가진)은 선행사 the one을 수식한다.

12

Tax collectors also **came** to be baptized. "Teacher," they **asked**, ["what **should** we **do**?"]

- tax collector; 세리
- come to부정사; ~하러 오다

- to be baptized는 부사적 용법(세례를 받으러)의 부정사로 동사 came을 수식한다.
- 삽입, they asked
- what(무엇)은 의문대명사로 의문문(우리가 무엇을 해야 합니까?)을 인도한다.

13

["**Do**n't **collect** any more (than you **are required** to),"] he **told** them.

- 도치, ["**Don't collect** any more (than you **are required** to),"](직접목적어) he(주어) **told(동사)** them(간접목적어). ('너희가 거두도록 요구받은 것보다 더 많이 거두지 말라'라고 그가 그들(=세리들)에게 말했다)
- than은 유사관계대명사로 형용사절을 인도한다. 이 형용사절은 선행사 any more를 수식한다.
  *유사관계대명사는 than외에 as와 but이 있다.
- to는 대부정사(=부정사를 대신하는 부정사)이다.
  to 뒤에 동사원형 collect가 생략되었다. 명사적 용법(거두도록)으로 동사 are required의 보어다.
- he는 John을, them은 tax collectors를 대신하는 대명사다.

14

Then some soldiers **asked** him, ["And what **should** we **do**?"] He **replied**, ["**Do**n't **extort** money and **do**n't **accuse** people falsely--**be** content with your pay."]

- extort money; 돈을 갈취하다
- be content with ~; ~에 만족하다
- accuse ~; ~를 고소하다

- falsely(허위로, 근거 없이)는 부사로 동사 don't accuse를 수식한다.

탄생과 나사렛 유년시절 그리고 선교준비

세례 요한의 정체

요한 1:19-25 (마태 3:11-12, 마가 1:7-8)

19

Now this **was** John's testimony <when the Jews of Jerusalem **sent** priests and Levites to ask him [who he **was**]>.

- •testimony; 증언 　　　　　　　　　　　　　　　•Jew/주~/; 유대인

- and는 등위접속사로 동사 sent의 목적어 priests(제사장들)와 Levites(레위인들)를 연결한다.
- to ask ~는 부사적 용법(~을 물어보기 위해)의 부정사로 동사 sent를 수식한다.
- 4형식동사 ask A B(A에게 B를 물어보다)
- who(누구)는 의문대명사로 간접의문을 인도한다. 이 명사절(그가 누구인지)은 to ask의 직접목적어다.

20

He **did** not **fail** to confess, but **confessed** freely, ["I **am** not the Christ."]

- •not A but B; A하지 않고 B하다

- to confess는 부사적 용법(고백하는데)의 부정사로 동사 did not fail을 수식한다.

21

They **asked** him, ["Then who **are** you? **Are** you Elijah?"] He **said**, ["I **am** not."] "**Are** you the Prophet?" He **answered**, "No."

- Elijah/일라이저/; 엘리야

- 4형식동사 ask의 직접목적어는 인용부호 안에 두 의문문이다.
- am not 뒤에 주격 보어 Elijah가 생략되었다.
- 삽입, He answered

22

Finally they **said**, ["Who **are** you? **Give** us an answer to take back to those (who **sent** us). What **do** you **say** about yourself?"]

- answer; 답
- those who ~; ~한 사람들
- yourself; 너 자신

- 4형식동사 give, us는 간접목적어이고 an answer는 직접목적어.
- to take back to ~(~에게 가져 갈)는 형용사적 용법의 부정사로 명사 an answer를 수식한다.
- who는 관계대명사로 형용사절을 인도한다. 이 형용사절(우리를 보낸)은 선행사 those(사람들)를 수식한다.
- yourself는 재귀 용법으로 전치사 about의 목적어다. 재귀 용법은 생략 할 수 없다.

23

John **replied** in the words of Isaiah the prophet, ["I **am** the voice of one calling in the desert, ['**Make** straight the way for the Lord.']"]

- Isaiah/아이제이어/; 이사야

- calling ~(~을 외치는)은 현재분사로 one(사람)을 수식한다.
- 'Make the way for the Lord straight(주님을 위한 길을 곧게 만들어라)'에서 'straight'를 한 눈에 목적보어로 알아보기가 쉽지 않다.
  그래서 5형식에서 목적어가 목적보어보다 상대적으로 길 때 문장의 균형을 위해 목적보어(straight)와 목적어(the way for the Lord)를 도치 시켜 'Make straight the way for the Lord'로 쓴 문장이다.

세례를 받다

마태 3:13-17 (마가 1:9-11, 누가 3:21-22)

13

to the Jordan to be baptized by John.

- the Jordan(요단 강)처럼 강 이름에는 정관사를 붙인다.
- to be baptized를 부정사의 수동형으로 동사 came을 수식하는 부사적 용법(세례를 받으러)이다.

14

But John **tried** to deter him, saying, ["I **need** to be baptized by you, and **do** you **come** to me?"]

• try to부정사; ~하려 하다   • deter ~; ~을 막다, 단념시키다

- to deter ~는 부정사의 명사적 용법(그를 막으려고)으로 동사 try의 목적어다.
- him은 대명사로 Jesus를 대신한다.
- saying ~은 분사 구문이다. (=and he said ~; 그리고 그는 ~라고 말했다)
- to be baptized는 명사적 용법(세례를 받는 것)의 부정사로 동사 need의 목적어다.
  *need의 **목적어** 자리에 **수동형의 부정사**(to be pp)는 **동명사**(~ing)로 바꾸어 쓸 수 있다.
   want와 deserve도 이런 예를 따른다.

15

Jesus **replied**, ["**Let** it be so now; it **is** proper for us to do this to fulfill all righteousness."] Then John **consented**.

• righteousness; 의   • consent; 동의하다

- be는 원형부정사로 사역동사 let의 목적보어다.
- to do ~는 명사적 용법(~을 하는 것)의 부정사로 진 주어다. it은 가주어이고 for us(우리가)는 to do의 의미상의 주어다.
- to fulfill ~은 부사적 용법(~을 이루도록)의 부정사로 to do를 수식한다.
- 1형식동사 consent

16

<As soon as Jesus **was baptized**>, he **went up** out of the water. At that moment heaven **was opened**, and he **saw** the Spirit of God descending like a dove and lighting on him.

- as soon as~; ~하자마자
- dove; 비둘기
- descend; 내려오다
- light on ~; ~ 위에 머물다
- like~; ~처럼

- as soon as ~는 종속접속사로 부사절(예수께서 세례를 받자마자)을 인도한다.
- 첫 번째 and는 등위접속사로 두 문장을 연결한다.
- descending(내려오는)은 현재분사로 지각동사 saw의 목적보어다.
- like ~는 전치사로 목적어는 a dove다.
- 두 번째 and는 등위접속사로 지각동사 saw의 목적보어 descending like ~과 lighting on ~을 연결한다.

17

And a voice from heaven **said,**

마가 1:11

["You **are** my Son, (whom I **love**); with you I **am** well pleased."]

- , whom은 관계대명사의 계속적 용법으로 형용사절(그리고 내가 너를 사랑한다)을 인도한다. 선행사는 my Son이다.
- 도치, with you(부사구) I(주어) **am(동사)** well pleased(보어).(=I am pleased with you; 나는 너와 더불어 기쁘다)

시험을 이기다

마태 4:1-11 (마가 1:12-13, 누가 4:1-13)

01

Then Jesus **was led** by the Spirit into the desert to be tempted by the devil.

- lead A into B; A를 B로 이끌다
- the Spirit: 성령

- to be tempted는 부사적 용법(시험을 받으러)으로 동사 was led를 수식한다.

02

After fasting forty days and forty nights, he **was** hungry.

- after ~ing; ~ 후
- fast; 단식하다, 금식하다
- day; 낮 cf. day; 날

- and는 등위접속사로 부사구 forty days와 forty nights를 연결한다.

03

The tempter **came** to him and **said**, ["<If you **are** the Son of God>, **tell** these stones to become bread."]

- tempter/템터르/; 악마, 사탄

- if ~(만약 ~라면)는 종속접속사로 부사절(만일 네가 하나님의 아들이라면)을 인도한다.
- to become ~은 명사적 용법(~이 되라고)의 부정사로 5형식동사 tell의 목적보어다. tell+목적어+to부정사

04

Jesus **answered**, ["It **is written**: ['Man **does** not **live** on bread alone, but on every word (that **comes** from the mouth of God).']"]

- not A but B; A가 아니라 B이다
- live on ~; ~을 먹고 살다
- bread alone; 단지 빵만

- man이 '인간'이라는 의미로 사용될 때 관사를 붙이지 않는다.
- alone은 형용사로 명사 뒤에서 '단지 ~만'이라는 의미이다.
- every 뒤에는 반드시 단수명사가 온다.
- that은 관계대명사로 형용사절을 인도한다.
  이 형용사절(하나님의 입으로부터 오는)은 선행사 every word(모든 말)를 수식한다.

05

Then the devil **took** him to the holy city and **had** him stand on the highest point of the temple.

- take A to B; A를 B로 데려가다

- and는 등위접속사로 동사 took ~과 had ~를 연결한다.
- stand는 원형부정사로 사역동사 had의 목적보어다.

06

[<If you **are** the Son of God>," he **said**, "**throw** yourself **down**.] For it **is written**: [" He **will command** his angels concerning you, and they **will lift** you **up** in their hands, <so that you **will** not **strike** your foot against a stone>.' "]

- throw A down; A를 아래로 던지다
- strike A against B; A가 B에 부딪히다

- 삽입, he said
- yourself는 재귀대명사로 주어와 목적어가 동일인일 때 목적어 자리에 쓴다.
- 등위접속사 for(왜냐하면)
- , so that will not ~은 종속접속사로 결과표시 부사절(그래서 ~하지 않게 할 것이다)을 인도한다.

07

Jesus **answered** him, ["It **is** also **written**: ['**Do** not **put** the Lord your God to the test.']"]

- put A to the test; A를 시험하다

- 4형식동사 answer A B (A에게 B라고 대답하다)

08

Again, the devil **took** him to a very high mountain and **showed** him all the kingdoms of the world and their splendor.

- take A to B; A를 B로 데려가다
- splendor; 장관, 영광

- and는 등위접속사로 동사 took ~와 showed ~를 연결한다.
- 4형식동사 show A B (A에게 B를 보여주다)
- and는 등위접속사로 동사 showed의 직접목적어 all the kingdoms of the world와 their splendor를 연결한다.

09

["All this **I will give** you," he **said**, "<if you **will bow down** and **worship** me>."]

- bow down; 권력에 고개를 숙이다, 굴복하다, 절하다
- worship ~; ~를 경배하다, ~를 예배하다

- 도치, All this(직접목적어) I(주어) **will give**(동사) you(간접목적어) (이 모든 것을 내가 네게 줄 것이다)
- 삽입, he said
- if ~(만약 ~라면)는 종속접속사로 부사절(만약 네가 엎드려 절하고 나를 예배하면)을 인도한다.
  * 조건의 부사절에는 미래시제를 쓸 수 없어 현재시제로 대신하지만 if절에 'will'을 쓰는 경우 '주어의 의지'를 나타낸다.

탄생과 나사렛 유년시절 그리고 선교준비

10

Jesus **said** to him, ["**Away** from me, Satan! For it **is written**: ['Worship the Lord your God, and **serve** him only.]"]

- away from ~(=go away from ~); ~에서 떠나다
- Satan/쎄이튼/; 사탄, 악마

- 등위접속사 for(왜냐하면)
- and는 등위접속사로 동사 worship ~과 serve ~를 연결한다.

11

Then the devil **left** him, and angels **came** and **attended** him.

- attend ~; ~를 시중들다, 돌보다

- and는 등위접속사로 동사 came과 attended ~를 연결한다.
- 3형식동사 attend ~

세례 요한의 증언

요한 1:29-34

29

The next day John **saw** Jesus coming toward him and **said**, ["**Look**, the Lamb of God, (who **takes away** the sin of the world)!

- Lamb/(을)램/; 어린 양
- take away ~; ~을 제거하다

- coming은 현재분사로 지각동사 saw의 목적보어다.
- and는 등위접속사로 동사 saw ~와 said ~를 연결한다. said의 목적어는 31절까지다.
- , who는 관계대명사의 계속적 용법으로 형용사절(그가 세상의 죄를 제거한다)을 인도한다.
  선행사는 the Lamb of God(하나님의 어린 양)이다.

30

This **is** the one (I **meant** <when I **said**, ['A man (who **comes** after me) **has surpassed** me <because he **was** before me>;])

- meant; mean(의미하다)의 과거형
- surpass ~; ~을 넘어서다 ~을 능가하다

- the one 뒤에 형용사절을 인도하는 관계대명사 whom이 생략되었다. 선행사 the one이다.
- meant는 mean의 과거로 /멘트/라고 발음한다.
- who는 관계대명사로 형용사절을 인도한다. 이 형용사절(내 뒤에 올)은 선행사 a man을 수식한다.
- 1형식동사 was(있었다)

31

I myself **did** not **know** him, but the reason (I **came** baptizing with water) **was** [that he **might be revealed** to Israel."]

- reason; 이유
- reveal ~; ~을 알리다, ~을 폭로하다

- myself는 강조용법으로 주어 I를 강조한다. 강조용법의 재귀대명사는 생략이 가능하다.
- reason 뒤에 형용사절을 인도하는 관계부사 why가 생략되었다.
  이 형용사절(내가 물로 세례를 주러 온)은 선행사 the reason을 수식한다.
- that ~(~ 것)은 종속접속사로 명사절을 인도한다. 이 명사절(그가 이스라엘에 알려지도록 하는 것)은 동사 was의 주격보어다.

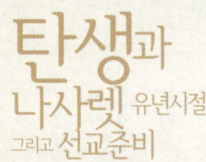

32

Then John **gave** this testimony: ["**I saw** the Spirit come down from heaven as a dove and remain on him.

- testimony/테스터모우니/; 증언
- come down from ~; ~에서 내려오다
- remain on ~; ~ 위에 머무르다

- 3형식동사 give ~(~을 주다)
- this(이 ~)는 지시형용사로 명사 testimony를 수식한다. this testimony는 34절까지다.
- come down from ~과 remain on ~은 원형부정사로 지각동사 saw의 목적보어다.
- as ~(~처럼)는 전치사로 목적어는 a dove다.

33

I **would** not **have known** him, except [that the one (who **sent** me to baptize with water) **told** me], ['The man (on whom you **see** the Spirit come down and remain) **is** he (who **will baptize** with the Holy Spirit).']

- except ~; ~을 제외하고

- would not have known ~은 가정법 과거완료 귀결절로 과거사실의 반대(~를 몰랐을 텐데=알고 있었다)를 나타낸다.
- that ~(~ 것)은 종속접속사로 명사절을 인도한다. 이 명사절은 전치사 except의 목적어다.
  문맥상으로 except는 가정법 과거완료의 조건절을 나타내는 without ~이나 but for ~처럼 '~이 없었다면' 으로
  해석하는 것이 옳을 것 같다.
  * 원래 전치사는 that절을 목적어로 받을 수 없지만 전치사 except는 that절은 물론 부사절도 목적어로 받을 수 있다.
- 첫 번째 who는 관계대명사로 형용사절을 인도한다. 이 형용사절(물 세례를 주도록 나를 보내신)은 선행사 the one(=God)을
  수식한다.
- 4형식동사 tell A B(A에게 B라고 말하다), tell(=told)의 직접목적어는 he man~ the holy spirit;까지다, 이 형용사절(너희가
  그 사람 위에 성령이 내려와서 머무는 것을 본)은 선행사 the man을 수식한다.
- come down과 remain은 원형부정사로 지각동사 see의 목적보어다.
- 두 번째 who는 관계대명사로 형용사절을 인도한다. 이 형용사절(성령으로 세례를 줄)은 선행사 he를 수식한다.

34

I have seen and I **testify** [that this **is** the Son of God.]"]

- and는 등위접속사로 두 문장을 연결한다.
- that(~ 것)은 종속접속사로 명사절(이분이 하나님의 아들이라는 것)을 인도한다.

JESUS
ENGLISH

6주차

청년 예수의 첫 걸음은 갈릴리에서 시작합니다.

청년 예수의 첫 걸음은 갈릴리에서 시작합니다.
"때가 찼고 하나님 나라가 가까웠으니 회개하고 복음을 믿으라."
짧고 명쾌한 외침으로 바른 길을 선포하십니다.

예수님은 제자들을 불러 모았습니다.
어부였던 안드레와 그의 형제 베드로에게
사람 낚는 어부가 될 것을 말씀하십니다.

또 그들과 한 동네 사람, 빌립을 제자로 받아들였습니다.
빌립은 나다니엘에게 예수를 소개했지만
나사렛출신이란 그의 말에, 대뜸
"나사렛에서 무슨 좋은 것이 나올 수 있겠어?"
콧방귀 뀌듯 퇴짜를 놓습니다.

나사렛 출신 청년 예수가
세상 바닥을 흔들 '메시아'임을 전혀 예측하지 못했던 것입니다.

갈릴리 예수

첫 선포

마가 1:1

The beginning of the gospel about Jesus Christ, the Son of God.

- beginning; 시작
- Jesus Christ; 예수 그리스도
- gospel; 복음
- the Son of God; 하나님의 아들

- The beginning 앞에 this is가 생략되었다. This is the beginning of the gospel about ~
 (이것은 ~에 관한 복음의 시작이다) 다른 성경에는 'This is the Good News about ~' 라고 쓰여 있다.
- Jesus Christ와 the Son of God는 동격이다.

마태 4:13-17

13

Leaving Nazareth, he **went** and **lived** in Capernaum, (which **was** by the lake in the area of Zebulun and Naphtali)--

- live in ~; ~에 살다
- Zebulun/제불런/; 스불론
- Capernaum/커퍼르니엄/; 가버나움
- Naphtali/낶털라이/; 납달리

- leaving ~은 분사 구문이다. (=After he left ~;예수께서 ~를 떠난 후)
- and는 등위접속사로 두 동사 went와 lived in ~를 연결한다.
- , which는 관계대명사 계속적 용법으로 형용사절
  (그런데 그곳은(=가버나움은) 스불론과 납달리 지역의 호숫가에 있었다)을 인도한다. 선행사는 Capernaum이다.
- 1형식동사 was(있었다)

14

to fulfill [what **was said** through the prophet Isaiah]:

- Isaiah/아이**제**이어/; 이사야

- to fulfill ~은 부사적 용법(~을 이루기 위해)의 부정사로 13절의 동사 went and lived in ~을 수식한다.
- what(~ 것)은 관계대명사로 명사절을 인도한다. 이 명사절은 부정사 to fulfill의 목적어다.
- 'what was said through the prophet Isaiah'(예언자 이사야를 통해서 이야기 된 것)은 15절 ~16절과 같다.

15

["Land of Zebulun and land of Naphtali, the way to the sea, along the Jordan, Galilee of the Gentiles--

- Gentile/**젠**타일/; 이방인

- and는 등위접속사로 Land of Zebulun과 land of Naphtali를 연결한다.

16

the people living in darkness **have seen** a great light; on those living in the land of the shadow of death a light **has dawned**."]

- dawn; 동이 트다, 빛이 비치다

- 첫 번째 living in ~(~에 살고 있는)은 현재분사로 주어 the people을 수식한다.
- 두 번째 living in ~은 현재분사로 전치사 on의 목적어 those(사람들)를 수식한다.

17

From that time on Jesus **began** to preach,

- from that time on; 그때부터

- to preach는 명사적 용법(선포하기를)의 부정사로 동사 began의 목적어다. begin의 목적어 자리에는 동명사도 가능하다.

갈릴리
예수

마가 1:15

["The time **has come**,"] he **said**. "The kingdom of God **is** near. **Repent** and **believe** the good news!"

- repent; 회개하다
- believe ~; ~을 믿다
- good news; 복음

- 도치, ["The time **has come**,"](목적어) he(주어) **said**(동사).
- and는 등위접속사로 동사 repent와 believe ~를 연결한다.

예수의 계보

누가 3:23

Now Jesus himself **was** about thirty years old <when he **began** his ministry>. He **was** the son, so it **was thought,** of Joseph.

- about; 대략
- ministry; 직무, 일

- himself는 강조용법으로 주어 Jesus를 강조한다.
- 부사 about(대략)는 형용사 thirty를 수식한다.
- so it was thought의 삽입,
  He was the son, so it was thought, of Joseph.
  (=So it was thought that he was the son of Joseph.; 그래서 그는 요셉의 아들로 여겨졌다)

마태 1:1-17

01

A record of the genealogy of Jesus Christ the son of David, the son of Abraham:

- genealogy/지~니앨러지/; 혈통, 가계
- Jesus Christ; 예수 그리스도
- the son of David; 다윗의 자손
- the son of Abraham; 아브라함의 자손

- A record of ~ 앞에 This is가 생략되었다.
- Jesus Christ와 the son of David와 the son of Abraham은 동격이다.

02

Abraham **was** the father of Isaac, Isaac the father of Jacob, Jacob the father of Judah and his brothers,

- 주어인 Isaac/아이적/(이삭)과 Jacob/제이컵/(야곱) 뒤에 동사 was가 생략되었다.
- and는 등위접속사로 전치사 of의 목적어인 Judah/주~더/(유다)와 his brothers를 연결한다.

03

Judah the father of Perez and Zerah, (whose mother **was** Tamar), Perez the father of Hezron, Hezron the father of Ram,

- Judah/주~더/; 유다
- Zerah/제롸/; 세라
- Ram/램/; 람
- Perez/**페**이뤠스/; 베레스
- Hezron/**헤**즈뤈/; 헤스론

- Judah 뒤에 동사 was가 생략되었다
- , whose는 관계대명사 소유격으로 형용사절(그런데 그의 어머니는 다말 이었다)을 인도한다. 선행사는 Perez와 Zerah이다.
- Perez 뒤에 동사 was가 생략되었다.
- Hezron 뒤에 동사 was가 생략되었다.

04

Ram the father of Amminadab, Amminadab the father of Nahshon, Nahshon the father of Salmon,

- Ram/램/(람)과 Amminadab/아**미**나답/(아미나답)과 Nahshon/**나**숀/(나손) 뒤에 동사 was가 생략되었다.

05

Salmon the father of Boaz, (whose mother **was** Rahab), Boaz the father of Obed, (whose mother **was** Ruth), Obed the father of Jesse,

- Ruth/루~쓰/; 룻
- Rahab/**롸**햅/; 라합

- Salmon/**쌔**먼/(살몬)과 boaz/**보**우애즈/(보아스)와 Obed/**오**브드/(오벳) 뒤에 동사 was가 생략되었다.
- whose는 관계대명사 소유격으로 형용사절(그리고 그의(=보아스의) 어머니는 라합 이었다)을 인도한다. 선행사는 Boaz다.
- whose는 관계대명사 소유격으로 형용사절(그리고 그의(=오벳의) 어머니는 룻 이었다)을 인도한다. 선행사는 Obed다.

06

and Jesse the father of King David. David **was** the father of Solomon, (whose mother **had been** Uriah's wife),

- David/**데**이빋/; 다윗
- Uriah/유어**롸**이어/; 우리야

- Jesse/**제**시/(이새) 뒤에 동사 was가 생략되었다.
- whose는 관계대명사 소유격으로 형용사절(그리고 그의(=솔로몬의) 어머니는 우리야의 아내 이었다)을 인도한다. 선행사는 Solomon/**쏠**러먼/(솔로몬)이다.
- had been은 대과거를 나타내는 과거완료로 주절의 was보다 이전 시제를 나타낸다.

07

Solomon the father of Rehoboam, Rehoboam the father of Abijah, Abijah the father of Asa,

- Solomon과 Rehoboam/뤼~어**보**우엄/(르호보암)과 Abijah/아**비**자/(아삽) 뒤에 동사 was가 생략되었다.

08

Asa the father of Jehoshaphat, Jehoshaphat the father of Jehoram, Jehoram the father of Uzziah,

- Asa/**에**이저/(아사)와 Jehoshaphat/지**하**써펱/(여호사밧)과 Jehoram/제**호**럼/(요람,여호람) 뒤에 동사 was가 생략되었다.

09

Uzziah the father of Jotham, Jotham the father of Ahaz, Ahaz the father of Hezekiah,

- Uzziah/어**자**이어/(웃시야)와 Jotham/**졷**햄/(요담)과 Ahaz/**아**하즈/(아하스) 뒤에 동사 was가 생략되었다.

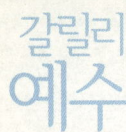

10

Hezekiah the father of Manasseh, Manasseh the father of Amon, Amon the father of Josiah,

- Hezekiah/헤저카이어/(히스기야)와 Manasseh/머내써/(므낫세)와 Amon/아~먼/(아모스) 뒤에 동사 was가 생략되었다.

11

and Josiah the father of Jeconiah and his brothers at the time of the exile to Babylon.

- at the time of ~; ~ 무렵에
- exile/에그자일/; 추방
- Babylon/배버런/; 바빌론

- Josiah/조우싸이어/(요시야) 뒤에 동사 was가 생략되었다.
- and는 등위접속사로 전치사 of의 목적어 Jeconiah/제코나이어/(여고냐)와 his brothers를 연결한다.

12

After the exile to Babylon: Jeconiah **was** the father of Shealtiel, Shealtiel the father of Zerubbabel,

- after ~(~후)는 전치사로 목적어는 the exile이다.
- Shealtiel/시얼티얼/(스알디엘) 뒤에 동사 was가 생략되었다.

13

Zerubbabel the father of Abiud, Abiud the father of Eliakim, Eliakim the father of Azor,

- Zerubbabel/저뤄버벌/(스룹바벨)과 Abiud/아비욷/(아비훗)와 Eliakim/얼라이어킴/(엘리야김) 뒤에 동사 was가 생략되었다.

14

Azor the father of Zadok, Zadok the father of Akim,
Akim the father of Eliud,

- Azor/**애**조르/(아소르)와 Zadok/**제**이닥/(사독)과 Akim/**아**낌/(아킴) 뒤에 동사 was가 생략되었다.

15

Eliud the father of Eleazar, Eleazar the father of Matthan,
Matthan the father of Jacob,

- Eliud/엘**아**이어드/(엘리웃)과 Eleazar/에리**에**이저/(엘르아살)와 Matthan/**매**탄/(맛단) 뒤에 동사 was가 생략되었다.

16

and Jacob the father of Joseph, the husband of Mary, (of whom **was born** Jesus, (who **is called** Christ)).

• be born of ~ ; ~ 에서 태어나다

- jacob/**제**이컵/(야곱) 뒤에 동사 was가 생략되었다.
- Joseph/**조**우섶/(요셉)과 the husband of Mary(마리아의 남편)는 동격이다.
- whom은 관계대명사로 전치사 of의 목적격이며 형용사절(그(=요셉)에게서 예수가 태어났다)을 인도한다.
  선행사는 the husband of Mary이다.
- was born Jesus는 Jesus was born의 도치이다.
  주어 Jesus에 이어지는 형용사절 ', who is called Christ' 때문에 주부가 길어져서 문장의 균형을 위해 도치되었다.
- , who는 관계대명사로 형용사절(그런데 그는 그리스도라고 불린다)을 인도한다. 선행사는 Jesus다.

갈릴리
예수

17

Thus there **were** fourteen generations in all from Abraham to David, fourteen from David to the exile to Babylon, and fourteen from the exile to the Christ.

- **in all**; 모두, 전부, 모두해서
- **exile**/에그자일/; 망명
- **from A to B**; A에서 B까지
- **generation**; 세대

- 접속부사 thus(이와 같이)
- fourteen 뒤에 generations가 생략되었다.
- and는 등위접속사로 동사 were의 세 주어 fourteen generations, fourteen, fourteen을 연결한다.

처음 제자들을 부르시다

요한 1:35-42 (마가 1:16-20)

35

The next day John **was** there again with two of his disciples.

• disciple/디싸이플/; 제자

- 1형식동사 was(있었다)
- two 뒤에 오는 명사에 소유격이 있으면 of를 써서 'two of 소유격+명사'로 쓴다.

36

<When he **saw** Jesus passing by>, he **said**, ["**Look**, the Lamb of God!"]

• pass by; 지나가다

- when ~(~ 때)은 종속접속사로 부사절(그가(=요한이) 예수께서 지나가는 것을 보고)을 인도한다.
- passing by는 현재분사(지나가고있는) 로 지각동사 saw의 목적격보어다.
  지각동사의 보어 자리에 원형부정사 pass by도 가능하다.

37

<When the two disciples **heard** him say this>, they **followed** Jesus.

- when ~(~ 때)은 종속접속사로 부사절(두 제자는 그가(=요한이) 이것을 말하는 것을 듣고)을 인도한다.
- say는 원형부정사로 지각동사 heard의 목적보어다.

38

Turning around, Jesus **saw** them following and **asked**, ["What **do** you **want**?"] They **said**, ["Rabbi" (which **means** Teacher), "where **are** you **staying**?"]

- **turning around**(돌아서서)는 분사 구문이다.
- **following**(따라오는)은 현재분사로 지각동사 saw의 목적보어다.
- **what**(무엇)은 의문대명사로 의문문(너희는 무엇을 원하느냐?)을 인도한다.
- **which**는 관계대명사로 형용사절을 인도한다. 이 형용사절은 선행사 Rabbi/**뢔**바이/(랍비,선생)를 수식한다.
- **where**(어디에)는 의문부사로 의문문(당신은 어디에 묵고 계십니까?)을 인도한다.

39

["**Come**," he **replied**, "and you **will see**."] So they **went** and **saw** [where he **was staying**], and **spent** that day with him. It **was** about the tenth hour.

- 삽입, he replied
- '명령문, and you will ~'에서 'and'는 등위접속사로 '그러면'이라고 해석한다.
- and는 등위접속사로 동사 went, saw ~, spent ~를 연결한다.
- where는 의문부사(어디에) 또는 선행사가 생략된 관계부사(~하는 곳)로 명사절을 인도한다.
  이 명사절(그가 어디에 머물고 있는지= 그가 머물고 있는 곳)은 동사 saw의 목적어다.
- it은 시간을 나타내는 비 인칭 주어로 해석하지 않는다.

40

Andrew, Simon Peter's brother, **was** one of the two (who **heard** [what John **had said**]) and (who **had followed** Jesus).

• one of ~; ~ 중에 하나

- Andrew와 Simon Peter's brother는 동격이다.
- 첫 번째 one of ~뒤에는 반드시 복수명사가 온다.
- who는 관계대명사로 형용사절을 인도한다. 이 형용사절(요한이 말한 것을 들은)은 선행사 the two(두 사람)를 수식한다.
- what(~ 것)은 관계대명사로 명사절을 인도한다. 이 명사절(요한이 말한 것)은 동사 heard의 목적어다.
- and는 등위접속사로 선행사 the two를 수식하는 두 형용사절을 연결한다.
- 두 번째 who는 관계대명사로 형용사절을 인도한다. 이 형용사절(예수를 따라간)은 선행사 the two를 수식한다.

41

The first thing (Andrew **did**) **was** to find his brother Simon and tell him, ["We **have found** the Messiah"] (that is, the Christ.)

- **that is;** 즉, 다시 말해서(=that is to say)

- the first thing 뒤에 형용사절(안드레가 한)을 인도하는 목적격 관계대명사 that이 생략되었다.
- to find ~는 명사적 용법(~을 찾는 것)의 to부정사로 동사 was의 보어다.
- and는 등위접속사로 to find ~와 (to) tell ~를 연결한다.
- the Messiah/미**싸**이어/(메시야)와 the Christ(그리스도)는 동격이다.

42

And he **brought** him to Jesus. Jesus **looked** at him and **said,** "You **are** Simon son of John. You **will be called** Cephas"] (which, <when **translated**>, is Peter.)

- **bring A to B;** A를 B에게 데려가다   • **Cephas**/**쎄**퍼스/; 게바   • **Peter**/**피**~터르/; 베드로

- he brought him ~에서 he는 Andrew/**앤**드루/(안드레)이고 him은 Simon/**싸**이면/(시몬)이다.
  같은 사람이라면 목적어him을 himself로 써야한다.
- Simon과 son of John(요한의 아들)은 동격이다.
- which는 관계대명사로 형용사절을 인도한다. 이 형용사절(그런데 그것은 번역하면 베드로이다)은
  선행사 Cephas를 수식한다.
- 'when+pp', 접속사 when 뒤에는 주어+동사 외에 pp나 ~ing가 올 수 있다.
  when translated (=when it **is translated;** 번역하면)

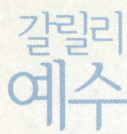
갈릴리 예수

마태 4:18-22

18

<As Jesus **was walking** beside the Sea of Galilee>, he **saw** two brothers, Simon called Peter and his brother Andrew. They **were casting** a net into the lake, for they **were** fishermen.

- cast A into B; A를 B에 던지다

- as ~(~하고 있을 때, ~하면서)는 종속접속사로 부사절(예수께서 갈릴리 바닷가를 걸어가시다가)을 인도한다.
- 'two brothers'와 'Simon called Peter(베드로라고 불리는 시몬) and his brother Andrew(그의 형제 안드레)'는 동격이다.
- called ~(~라 불리는)는 과거분사의 형용사 용법으로 Simon을 수식한다.
- 등위접속사 for(왜냐하면)

19

["**Come**, **follow** me," Jesus **said**, "and I **will make** you fishers of men."]

- fishers of men; 사람을 낚는 어부들

- 삽입, Jesus said
- '명령문 and 주어 will 동사 ~',에서 등위접속사 and는 '그러면'으로 해석한다.
- fishers of men은 5형식동사 will make의 목적보어다.

20

At once they **left** their nets and **followed** him.

- at once; 즉시
- leave ~; ~을 남기다, ~을 버리다

- and는 등위접속사로 동사 left ~와 followed ~를 연결한다.

21

Going on from there, he **saw** two other brothers, James son of Zebedee and his brother John. They **were** in a boat with their father Zebedee, preparing their nets. Jesus **called** them,

- going on from there는 분사 구문이다. (=As he went on from there; 거기에서 계속 가다가)
- 'two other brothers'와 'James son of Zebedee(세베대의 아들 야고보) and his brother John(그의 형제 요한)'은 동격이다.
- and는 등위접속사로 James와 John을 연결한다.
- 1형식동사 were in a boat with ~(~와 배에 있었다)
- preparing their nets는 분사 구문이다.
  (=and they were preparing their nets; 그리고 그들은 그물을 손질하고 있었다)

22

and immediately they **left** the boat and their father and **followed** him.

- 부사 immediately(즉시)
- 첫 번째 and는 등위접속사로 동사 left의 목적어 the boat와 their father를 연결한다.
- 두 번째 and는 등위접속사로 동사 left ~와 followed ~를 연결한다.

누가 5:1-11

01

One day <as Jesus **was standing** by the Lake of Gennesaret, with the people crowding around him and listening to the word of God,>

- one day; 어느 날
- Gennesaret/거네서뤳/; 게네사렛 호수

- as ~(~하고 있을 때)는 종속접속사로 부사절을 인도한다.
- with the people crowding ~ and listening ~은 주절의 주어(=2절의 he)와 분사 구문의 주어(=the people)가 다르기 때문에 분사 구문의 주어를 생략할 수 없는데 이것을 '독립 분사 구문'이라고 한다.
  전치사 with는 생략할 수 있다. (사람들이 그의(=예수의) 주변에 몰려와 하나님의 말씀에 귀를 기울였다)

02

he **saw** at the water's edge two boats, left there by the fishermen, (who **were washing** their nets).

- left는 과거분사로 left 앞에 주격 관계대명사(which)와 be동사(were)가 생략되었다. 선행사는 two boats이다.
  (두 척의 배가 어부들에 의해 그 곳에 놓여있었다)
- , who는 관계대명사 계속적 용법으로 형용사절(그리고 그 어부들은 그물을 씻고 있었다)을 인도한다.
  선행사는 the fishermen이다.

03

He **got into** one of the boats, the one belonging to Simon, and **asked** him to put out a little from shore. Then he **sat down** and **taught** the people from the boat.

- **ask A to부정사; A에게 ~하라고 요구하다** • **put out a little from shore; 해안에서 조금 나아가다**

- one of 다음에는 복수명사가 온다.
- one of the boats와 the one belonging to Simon은 동격이다.
- belonging to ~(~에 속한)는 현재분사로 the one(배)을 수식한다.
- and는 등위접속사로 동사 got into ~와 asked ~를 연결한다.
- to put out ~은 명사적 용법(나아갈 것을)의 부정사로 동사 asked의 목적보어다.
- and는 등위접속사로 동사 sat down과 taught ~를 연결한다.

04

<When he **had finished** speaking>, he **said** to Simon, ["**Put out** into deep water, and **let down** the nets for a catch."]

- **put out into deep water; 깊은 물로 나아가다** • **let down ~; ~을 내리다**

- had finished는 대과거로 주절의 과거 said보다 이전 시제를 나타낸다.
- finish ~ing(~ 하기를 마치다), finish의 목적어 자리에는 동명사를 쓴다.
- and는 등위접속사로 두 명령문 put out into ~와 let down ~을 연결한다.

05

Simon **answered**, ["Master, we've **worked** hard all night and **haven't caught** anything. But <because you **say** so>, I **will let down** the nets."]

- **let down the nets; 그물을 내리다**

- have worked는 과거부터 현재까지를 나타내는 현재완료다.(우리는 밤새 열심히 일을 했다)
- hard(열심히)는 부사로 동사 have worked를 수식한다.
- and는 등위접속사로 동사 have worked와 haven't caught ~를 연결한다.
- anything(아무것도)은 부정문, 의문, 조건문에 쓴다.
  *긍정문에 anything(무엇이든지)은 강조를 나타낸다.
- so는 대명사로 4절의 'put out into deep water, and let down the nets for a catch.'를 대신한다.

06

<When they **had done** so>, they **caught** such a large number of fish <that their nets **began** to break>.

- a large number of ~; 많은 ~

- when ~(~ 때)은 종속접속사로 부사절을 인도한다.
- 'such ~ that -(너무 ~해서 – 하다)은 결과표시 부사절(그래서 그물이 찢어지려 했다)을 인도하는 종속접속사다.
  such는 형용사이므로 뒤에 명사가 온다.
- to break는 명사적 용법의 부정사로 동사 began의 목적어다.
  begin의 목적어자리에는 동명사도 같은 의미로 쓸 수 있다.

07

So they **signaled** their partners in the other boat to come and help them, and they **came** and **filled** both boats so full <that they **began** to sink>.

- signal; ~에게 신호를 보내다
- so ~ that -; 너무 ~해서 –하다
- sink; 가라앉다

- to come과 help ~는 부사적 용법(와서 ~을 도와달라고)의 부정사로 동사 signaled를 수식한다.
- and는 등위접속사로 동사 came과 filled ~를 연결한다.
- both 뒤에는 복수명사가 온다.
  *both 뒤에 단수명사가 오면 and를 붙여 both A and B로 만든다. A와 B는 단수나 복수 둘 다 가능하다.
- 'so ~ that -' 은 종속접속사로 부사절을 인도한다. so는 부사이므로 so 뒤에는 형용사나 부사가 온다.
  so 뒤에 명사가 오는 경우 'so+형용사+(a)+명사+that' 의 어순이 된다.
- begin to sink(=be about to sink; 가라앉으려 하다)

08

<When Simon Peter **saw** this>, he **fell** at Jesus' knees and **said,**
["**Go away** from me, Lord; I **am** a sinful man!"]

- fall at one's knee; ~의 무릎 앞에 엎드리다
- sinful; 죄 많은

- and는 등위접속사로 동사 fell at ~과 said ~를 연결한다.

09

For he and all his companions **were** astonished at the catch of fish (they **had taken**,)

- companion; 동료, 친구
- be astonished at ~; ~에 놀라다

- 등위접속사 for(왜냐하면)
- fish 뒤에 형용사절(그들이 잡은)을 인도하는 목적격 관계대명사 that이 생략되었다.

10

and so **were** James and John, the sons of Zebedee, Simon's partners. Then Jesus **said** to Simon, ["**Don't be** afraid; from now on you **will catch** men."]

- from now on; 지금부터

- 도치, so were(동사) 과 James and John(주어). (야고보와 요한도 놀랐다)
- James and John과 the sons of Zebedee와 Simon's partners는 동격 (세베대의 아들들로 시몬의 동업자인 야고보와 요한)이다.

11

So they **pulled** their boats **up** on shore, **left** everything and **followed** him.

- pull ~ up; ~을 대다, 세우다
- shore; 물가, 해안, 육지

- and는 등위접속사로 동사 pulled ~ up과 left ~와 followed ~를 연결한다.

갈릴리 예수

빌립과 나다나엘을 부르시다

요한 1:43-51

43

The next day Jesus **decided** to leave for Galilee. Finding Philip, he **said** to him, [**"Follow** me."]

- leave for ~; ~로 떠나다
- decide to부정사; ~ 하기로 결정하다

- to leave for ~는 명사적 용법(~로 떠나기로)의 부정사로 동사 decided의 목적어다.
- finding ~(~을 발견하고)은 분사 구문이다.

44

Philip, like Andrew and Peter, **was** from the town of Bethsaida.

- be from ~; ~ 출신이다
- Bethsaida/베쓰세이어더/; 벳새다

- like ~(~처럼)는 전치사로 목적어는 Andrew(안드레)와 Peter(베드로)다.
- and는 등위접속사로 전치사 like의 목적어 Andrew와 Peter를 연결한다.

45

Philip **found** Nathanael and **told** him, ["We **found** the one (Moses **wrote** about in the Law), and (about whom the prophets also **wrote**)--Jesus of Nazareth, the son of Joseph."]

- Nathanael/너쌔니얼/; 나다나엘
- Moses/모우지즈/;모세

- 4형식 동사 tell A B(A에게 B라고 말하다)
- Moses 앞에 형용사절을 인도하는 관계대명사 whom이 생략되었다.
  이 형용사절(모세가 율법 책에 기록한)은 선행사 the one(사람)을 수식한다.
- whom은 관계대명사로 형용사절을 인도한다. 이 형용사절(또한 예언자들이 기록한)은 선행사 the one(사람)을 수식한다.
  *관계대명사가 전치사의 목적격인 경우에 전치사를 관계대명사 앞에 쓰거나 절의 뒤에 쓸 수 있다.
  (about whom the prophets also **wrote** = whom the prophets also **wrote** about)
- 하이픈(--) 뒤에 'Jesus of Nazareth(나사렛 예수), the son of Joseph(요셉의 아들)'는 have found의 목적어 the one(그 사람)을 가리킨다.

46

["Nazareth! **Can** anything good **come** from there?"] Nathanael **asked**. ["**Come** and **see**,"] **said** Philip.

- good(좋은)은 형용사로 anything을 수식한다.
- 도치, ["Nazareth! **Can** anything good **come** from there?"](목적어) Nathanael(주어) **asked**(동사).
  ('나사렛! 거기서 어떤 좋은 것이 나겠니?'라고 나다나엘이 물었다)
- and는 등위접속사로 동사 come과 see를 연결한다.
- 도치, ["**Come** and **see**,"](목적어) **said**(동사) Philip(주어).("와서 봐라"라고 빌립이 말했다)

47

<When Jesus **saw** Nathanael approaching>, he **said** of him, ["Here **is** a true Israelite, (in whom there **is** nothing false)."]

- say of A; A에 대해 말하다
- Israelite/이즈뤼얼라읕/;이스라엘 사람
- false; 거짓된

- approaching(다가오는)은 현재분사로 지각동사 saw의 목적보어다.
- whom은 관계대명사로 형용사절(거짓된 것이 아무 것도 없는)을 인도한다. 선행사는 a true Israelite이다.
- false는 형용사로 nothing을 수식한다. nothing을 수식하는 형용사는 뒤에 둔다.

갈릴리
예수

48

["How **do** you **know** me?"] Nathanael **asked**. Jesus **answered**,
["I **saw** you <while you **were** still under the fig tree
<before Philip **called** you>>."]

- **still**; 조용히 있는
- **fig tree**; 무화과나무

- 도치, ["How **do** you **know** me?"](목적어) Nathanael(주어) **asked**(동사).
  ("어떻게 당신이 나를 아십니까?" 라고 나다나엘이 물었다)
- while ~(~하고 있을 때)은 종속접속사로 부사절을 인도한다.
  다른 성경에는 while을 when쓰고 still 없이 I **saw** you when you **were** under the fig tree~
  (네가 무화과나무 아래 있을 때 나는 너를 보았다)로 표현되어 있다.

49

Then Nathanael **declared**, ["Rabbi, you **are** the Son of God; you **are** the King of Israel."]

- **rabbi**/뢔바이/; 랍비, 선생님

- 3형식동사 declare ~(~라고 단언하다)

50

Jesus **said**, ["You **believe** <because I **told** you [I **saw** you under the fig tree]>. You **shall see** greater things than that."]

- you와 I 사이에 명사절을 인도하는 종속접속사 that(~ 것)이 생략되었다.
  이 명사절(내가 너를 무화과나무 아래서 보았다고)은 4형식동사 told의 직접목적어다.
- shall은 '화자(=말하는 사람)의 의지 미래'를 나타내는 조동사다.(내가 너에게 그것보다 더 큰 일들을 보여줄 것이다)

51

He then **added,** ["I **tell** you the truth, you **shall see** heaven open, and the angels of God ascending and descending on the Son of Man."]

- ascending; 올라가는
- descending; 내려오는

- 4형식동사 tell A B(A에게 B를 말하다)
- open은 원형부정사로 지각동사 shall see의 목적보어다.
 (너는 하늘이 열리는 것을 보게 될 것이다.=내가 너에게 하늘이 열리는 것을 보여줄 것이다)
- and는 등위접속사로 지각동사 shall see의 목적어와 목적보어인 heaven open과
 the angels of God ascending을 연결한다.
- and는 등위접속사로 지각동사 shall see의 목적보어인 현재분사 ascending과 descending을 연결한다.
 (~가 오르내리는 것을 보게 될 것이다= 보여줄 것이다)

JESUS
ENGLISH

7주차

예수님의 주요 활동무대는 **갈릴리바닷가**였습니다.

가나에서 첫 번째 기적을 행하십니다.
혼인잔치에서 물로 된 포도주를 만드신 것입니다.
기적을 본 많은 사람들이 예수님을 따르기 시작합니다.

유대인의 지도자인 니고데모를 맞이하여
사람이 '영적으로 거듭나야할 것'을 알려주십니다.

가난한 자에게

포로 되고 눈 먼 자 에게, 자유를 주고 볼 수 있게 하는
기쁜 소식을 선포하십니다.

갈릴리 바닷가를 걸으시던 예수님을 떠올리면
따르던 많은 무리에 섞여
부드러운 그의 음성 직접 듣고픈 마음, 간절해집니다.

갈릴리 예수

가나의 혼인잔치

요한 2:1-12

01

On the third day a wedding **took place** at Cana in Galilee. Jesus' mother **was** there,

- take place; 열리다, 일어나다
- Cana/케이너/; 가나

- 1형식동사 was(있었다)

02

and Jesus and his disciples **had** also **been invited** to the wedding.

- disciple/디싸이플/;제자

- 첫 번째 and는 등위접속사로 1절과 2절 두 문장을 연결한다.
- 두 번째 and는 등위접속사로 두 주어 Jesus와 his disciples를 연결한다. 동사는 had also been invited to ~다.
- had been invited to ~(~에 초대 받았다)는 과거완료수동인 대과거로 1절의 was 보다 이전임을 나타낸다.
  *invite A to B(A를 B로 초대하다)에서 to는 전치사로 목적어는 the wedding이다.
  cf. invite A to부정사; A에게 ~하라고 요구하다

03

<When the wine **was** gone>, Jesus' mother **said** to him, ["They **have** no more wine."]

- when ~(~ 때)은 종속접속사로 부사절(포도주가 떨어졌을 때)을 인도한다.
- gone(다 써버린, 바닥 난)은 형용사로 동사 was의 보어다.
- 3형식동사 said to A B(A에게 B를 말하다)

04

["Dear woman, why **do** you **involve** me?" Jesus **replied**, "My time **has** not yet **come**."]

• involve ~; ~를 참여시키다, ~를 끌어들이다

- 삽입, Jesus replied (예수께서 대답했다)

05

His mother **said** to the servants, ["**Do** [whatever he **tells** you]."]

- 3형식동사 say to A B(A에게 B라고 말하다)
- whatever(~하는 것은 무엇이든지)는 복합관계대명사로 명사절(그가 (=예수께서) 너희들에게 말하는 것은 무엇이든지)을 인도한다. 이 명사절은 동사 do의 목적어다.

갈릴리 예수

06

Nearby **stood** six stone water jars, the kind used by the Jews for ceremonial washing, each holding from twenty to thirty gallons.

- hold ~; ~을 담다

- 도치, Nearby(부사) **stood**(동사) six stone water jars(주어), 주부가 술부보다 길어서 문장의 균형을 위한 도치구문이 되었다.
- the kind used by ~는 수동태 독립 분사 구문이다.
 (그런데 그와 같은 종류의(=돌로 만든) 물 항아리는 정결의식을 위해 유대인들에 의해 사용되었고)
- washing은 명사로 전치사 for의 목적어. 형용사 ceremonial의 수식을 받는 품사는 동명사가 아니라 명사이다.
 *동명사는 부사의 수식을 받는다.
- each holding ~은 독립 분사 구문이다.(돌로 만든 물 항아리 각각 20에서 30갤런까지 담을 수 있었다)
 주절의 주어(six stone water jars)와 분사 구문의 주어(each)가 다를 때 분사 구문의 주어를 생략할 수 없다.

07

Jesus **said** to the servants, ["**Fill** the jars with water"]; so they **filled** them to the brim.

- fill A with B; A를 B로 채우다
- fill A to B; A를 B까지 채우다
- brim; 가장자리, 테두리

- 3형식동사 say to A B(A에게 B라고 말하다)

08

Then he **told** them, ["Now **draw** some out and **take** it to the master of the banquet."] They **did** so,

- draw; ~을 뜨다
- take B to A; B를 A에게 가져다주다
- banquet/뱅큍/; 연회

- he는 Jesus를, them은 servants를 대신한다.
- 4형식동사 tell A B(A에게 B를 말하다)
- and는 등위접속사로 동사 draw ~ out과 take ~를 연결한다.

09

and the master of the banquet **tasted** the water (that **had been turned** into wine). He **did** not **realize** [where it **had come** from], <though the servants (who **had drawn** the water) **knew**>. Then he **called** the bridegroom **aside**

- master; 주인
- though; 비록 ~이지만
- bridegroom; 신랑 cf. bride; 신부
- be turned into ~; ~로 바뀌다
- call A aside; A를 옆에 부르다

- 3형식동사 taste/테이스트/ ~(~을 맛보다)   cf. 2형식동사 taste+보어(~ 맛이 나다)
- that은 관계대명사로 형용사절을 인도한다. 이 형용사절(포도주로 바뀐)은 선행사 the water를 수식한다.
- had been turned는 과거완료수동으로 대과거를 나타낸다. 주절의 과거 tasted보다 이전 시제를 나타낸다.
- where(어디서)는 의문대명사로 전치사 from의 목적어이며 명사절인 간접의문문(그것이 어디에서 왔는지)을 인도한다.
- though ~(비록 ~이지만)는 종속접속사로 부사절(그 물을 떠온 하인들은 알고 있었지만)을 인도한다.
- he는 대명사로 the master를 대신한다.

10

and **said**, ["Everyone **brings out** the choice wine first and then the cheaper wine <after the guests **have had** too much to drink>; but you **have saved** the best till now."]

- bring out~; ~을 내오다
- wine; 포도주
- till now; 지금까지
- choice; 뛰어난, 고급의
- too ~ to - ; 너무 ~ 해서 - 할 수 없다

- and는 등위접속사로 9절에 called ~와 10절에 said ~를 연결한다.
- choice는 형용사로 명사 wine을 수식한다.
- you는 대명사로 bridegroom(신랑)을 대신한다.
- the best 뒤에 wine이 생략되었다.

갈릴리
예수

11

This, the first of his miraculous signs, Jesus **performed** at Cana in Galilee. He thus **revealed** his glory, and his disciples **put** their faith in him.

- sign; 기적, 표적
- put one's faith in ~; ~를 믿다

- This와 the first of his miraculous signs(첫 표적)는 동격이다.
- 도치, the first of his miraculous signs(목적어), jesus(주어) **performed**(동사) at Cana in Galilee.
  (예수께서 그의 첫 표적을 갈릴리의 가나에서 행하셨다.)
- the first 뒤에 sign이 생략되었다.

12

After this he **went down** to Capernaum with his mother and brothers and his disciples. There they **stayed** for a few days.

- 등위접속사 and는 전치사 with의 목적어 his mother, brothers, his disciples를 연결한다.
- 1형식동사 stay(머무르다)
- a few(몇몇의) 뒤에는 반드시 복수명사가 온다.

니고데모와의 대화

요한 3:1-21

01

Now there **was** a man of the Pharisees named Nicodemus, a member of the Jewish ruling council.

- Nicodemus/니코우**디**~머스/; 니고데모
- ruling council/**카**운썰/; 통치 위원회

- named ~(~라는, ~라 불리는)는 명사 a man을 수식하는 과거분사다.
- Nicodemus와 a member of the Jewish ruling council은 동격이다.

02

He **came** to Jesus at night and **said,** ["Rabbi, we **know** [you **are** a teacher (who **has come** from God)]. For no one **could perform** the miraculous signs (you **are doing**) <if God **were** not with him>."]

- who는 관계대명사로 형용사절을 인도한다. 이 형용사절(하나님으로부터 오신)은 선행사 a teacher를 수식한다.
- 등위접속사 for(왜냐하면)
- signs 뒤에 형용사절을 인도하는 목적격 관계대명사 that이 생략되었다.
  이 형용사절(당신이 행하시는)은 선행사 signs를 수식한다.
- if ~(만약 ~라면)는 종속접속사로 부사절(만일 하나님이 그와 함께 하지 않으면)을 인도한다.
  가정법과거는 '현재사실의 반대'를 나타내기 때문에 '현재'처럼 해석해야한다.

03

In reply Jesus **declared,** ["I **tell** you the truth, no one **can see** the kingdom of God <unless he **is born** again>."]

- declare ~; ~라고 선언하다.
- unless ~; ~하지 않으면

- reply는 명사로 전치사 in의 목적어다.(대답으로)
- 3형식동사 declare~
- 4형식동사 tell A B(A에게 B를 말하다)
- unless ~는 종속접속사로 부사절(사람이 다시 태어나지 않으면)을 인도한다

04

["How **can** a man **be born** <when he **is** old>?"] Nicodemus **asked**. "Surely he cannot **enter** a second time into his mother's womb to be born!"

- womb/우~음/; 배, 태 내

- 도치, ["How can a man be born <when he is old>?"](목적어) Nicodemus(주어) **asked(동사)**.
  ("어떻게 사람이 나이가 들어 태어날 수 있습니까?"라고 니고데모가 물었다.)
- to be born은 부사적 용법(태어나기 위해서)의 부정사로 동사 cannot enter into ~(~에 들어갈 수 없다)를 수식한다.

05

Jesus **answered**, ["**I tell** you the truth, no one **can enter** the kingdom of God <unless he **is born** of water and the Spirit>.

- be born of ~; ~에서 태어나다

- answered 의 목적어는 8절 까지다.
- 3형식동사 enter ~(~에 들어가다) cf. 1형식동사 enter into+추상명사 (~을 시작하다)
- unless ~(~하지 않으면)는 종속접속사로 부사절(사람이 물과 성령으로 태어나지 않으면)을 인도한다.

06

Flesh **gives birth to** flesh, but the Spirit **gives birth to** spirit.

- flesh; 육체, 살
- give birth to ~; ~을 낳다

- but은 등위접속사로 두 문장을 연결한다.

07

You **should** not **be** surprised at my saying, ['**You must be born** again.']

- be surprised at ~; ~에 놀라다
- be born again; 다시 태어나다

08

The wind **blows** <wherever it **pleases**>. You **hear** its sound, but you cannot **tell** [where it **comes** from] or [where it **is going**]. So it **is** with everyone born of the Spirit."]

- wind; 바람
- cannot tell ~; ~을 알 수 없다
- so it is with ~; ~도 그렇하다

- wherever(어디든지)는 복합 관계부사로 부사절(그것이 원하는 대로 어디든지)을 인도한다.
- it은 대명사로 the wind를 대신한다.
- 첫 번째 where(어디서, 어디로)는 의문대명사, 두 번째 where는 의문부사로 간접의문문을 인도한다. 이 명사절은 동사 cannot tell의 목적어.
- born of ~(~에서 태어난)는 과거분사로 everyone을 수식한다.(성령으로 태어난 모든 사람)

09

["How **can** this **be**?"] Nicodemus **asked**.

- How can this be?; 어떻게 그럴 수가 있을까?

- 도치, ["How **can** this **be**?"](목적어) Nicodemus(주어) **asked**(동사).

10

"You **are** Israel's teacher," **said** Jesus "and **do** you **not understand** these things?

- Israel/**이즈뤼얼**/; 이스라엘

- these(이 ~)는 지시형용사로 복수명사 things를 수식한다. 지시형용사 these 뒤에는 반드시 복수명사가 온다.

11

I **tell** you the truth, we **speak** of [what we **know**], and we **testify** to [what we **have seen**], but still you people **do** not **accept** our testimony.

- speak of ~; ~을 말하다
- testify to ~; ~을 증언하다

- 4형식동사 tell A B(A에게 B를 말하다)
- 첫 번째 what(~ 것)은 관계대명사로 명사절을 인도한다. 이 명사절(우리가 알고 있는 것)은 전치사 of의 목적어다.
- 두 번째 what(~ 것)은 관계대명사로 명사절을 인도한다. 이 명사절(우리들이 보아온 것)은 전치사 to의 목적어다.
- you와 people은 동격이다.

12

I **have spoken** to you of earthly things and you **do** not **believe**; how then **will** you **believe** <if I **speak** of heavenly things>?

- speak to A of ~; A에게 ~을 말하다
- heavenly thing; 하늘의 일
- earthly thing; 세상의 일

- how then will you believe?(그러면 어떻게 너희가 믿겠니.=믿을 수 없을 것이다.)는 강조를 위한 수사의문문이다.
- if ~ 는 종속접속사로 부사절(만일 내가 하늘의 일을 말하면)을 인도한다.

13

No one **has** ever **gone** into heaven except the one (who **came** from heaven--the Son of Man).

- except~; ~을 제외하고
- the Son of Man; 인자, 사람의 아들

- except ~는 전치사로 목적어는 the one이다.
- who는 관계대명사로 선행사 the one을 수식하는 형용사절(하늘에서 온)을 인도한다.
- the one은 대명사로 the Son of Man(인자, 사람의 아들)을 대신한다.

14

Just <as Moses **lifted up** the snake in the desert>, so the Son of Man **must be lifted up**,

- just as A, so B; A처럼 B하다
- lift up ~; ~을 들어 올리다

- as ~(~처럼)는 종속접속사로 부사절(모세가 사막에서 뱀을 들어 올린 것처럼)을 인도한다.

15

<that everyone (who **believes** in him) **may have** eternal life>.

- , that may ~(그래서 ~할 것이다)는 종속접속사로 결과표시 부사절을 인도한다.
  (그래서 ~하는 모든 사람이 영원한 생명을 얻을 것이다)
- who는 관계대명사로 형용사절을 인도한다. 이 형용사절(그를 믿는)은 선행사 everyone(모든 사람)을 수식한다.

16

"For God so **loved** the world (that he **gave** his one and only Son), <that [whoever **believes** in him] **shall** not **perish** but **have** eternal life>.

- one and only; 유일한
- whoever; ~하는 사람은 누구든지
- not A but B; A하지 않고 B하다
- perish; 멸망하다

- 등위접속사 for(왜냐하면)
- that은 관계대명사로 형용사절을 인도한다. 이 형용사절(그가 그의 유일한 아들(=외아들)을 준)은 선행사 the world(세상)를 수식한다.
- one and only(유일한)는 Son을 수식한다.
- , (so) that shall not ~(그래서 ~하지 않을 것이다)은 종속접속사로 결과표시 부사절을 인도한다.
- whoever는 복합관계대명사로 명사절(그를 믿는 자는 누구든지)을 인도한다.
  이 명사절은 shall perish but have~의 주어다.
- shall not은 '화자(=말하는 사람=I)의 의지미래'로 '내가 ~하지 않을 것이다'라고 해석한다.
  (내가 멸망시키지 않고 영생을 얻게 할 것이다)

17

For God **did** not **send** his Son into the world to condemn the world, but to save the world through him.

- not A but B; A가 아니라 B이다
- send A into B; A를 B로 보내다

- 등위접속사 for(왜냐하면)
- to condemn ~은 부사적 용법(~을 심판하기 위하여)의 부정사로 동사 did not send를 수식한다.

18

[Whoever **believes in** him] **is** not condemned, but [whoever **does** not **believe**] **stands** condemned already <because he **has** not **believed in** the name of God's one and only Son>.

- whoever; ~하는 사람은 누구든지
- stand ~; ~ 상태이다
- stand condemned; 심판을 받다

- 첫 번째 whoever는 복합관계대명사로 명사절(그를 믿는 사람은 누구든지)을 인도한다. 이 명사절은 is not ~의 주어다.
- condemned는(심판을 받은) 형용사로 is not의 보어다. is not condemned(=is not judged; 심판을 받지 않는다)
- 두 번째 whoever는 복합관계대명사로 명사절(믿지 않는 자는 누구든지)을 인도한다.
  이 명사절은 stands ~의 주어다. stands condemned already(=has already been judged; 이미 심판을 받았다)
- 2형식동사 stand

19

This **is** the verdict: Light **has come** into the world, but men **loved** darkness instead of light <because their deeds **were** evil>.

- verdict; 심판
- instead of ~; ~ 대신에
- men; 세상 사람들
- deed; 행위

- but은 등위접속사로 두 문장을 연결한다.
- instead of~는 전치사로 목적어는 light(빛)다.
- because ~(~ 때문에)는 종속접속사로 부사절(그들의 행위가 악하기 때문에)을 인도한다.

20

Everyone (who **does** evil) **hates** the light, and **will** not **come** into the light for fear [that his deeds **will be exposed**].

- do evil; 나쁜 짓을 하다, 악을 행하다
- expose ~; ~을 드러내다, ~을 폭로하다
- fear; 두려움

- who는 관계대명사로 형용사절을 인도한다. 이 형용사절(나쁜 짓을 행하는)은 선행사 everyone을 수식한다.
- for(~ 때문에)는 전치사로 목적어는 fear다.
- that ~(~ 것)은 종속접속사로 명사절을 인도한다.
  이 that절은 fear와 동격이다.(그의 행위가 드러나게 될 것이라는 바로 그 두려움)

21

But [whoever **lives** by the truth] **comes** into the light, <so that it **may be seen** plainly [that [what he **has done**] **has been done** through God]>."

- whoever; ~하는 사람은 누구든지

- whoever는 복합관계대명사로 명사절(진리로 사는 사람은 누구든지)을 인도한다.
  이 명사절은 comes into ~의 주어다.
- , so that may ~(그래서 ~하도록)는 종속접속사로 결과표시 부사절을 인도한다.
  (그래서 그것이 명백하게 보일 것이다.)
- that ~(~ 것)은 종속접속사로 명사절은 인도한다.
  이 명사절(그가 행한 것이 하나님을 통해서 되어졌다는 것)은 가주어 it이 가리키는 진 주어다.
- what(~ 것)은 관계대명사로 명사절(그가 행한 것)을 인도한다. 이 명사절은 has been done의 주어다.

갈릴리 예수

세례 요한의 후기 전도활동

요한 3:22-36

22

After this, Jesus and his disciples **went out** into the Judean countryside, (where he **spent** some time with them, and **baptized**).

- disciple/디싸이플/; 제자　• Judean/주~디~언/ countryside; 유대 지방　• baptize; 세례를 주다

- , where는 관계부사의 계속적 용법으로 형용사절(그리고 거기서(= 유대 지방에서) 그는(=예수께서) 그들과(=제자들과) 시간을 보내고 세례를 주었다)을 인도한다.
  계속적 용법의 관계부사, where는 'and there(그리고 거기서)'로 풀어서 해석한다.
- and는 등위접속사로 동사 spent ~와 baptized를 연결한다.

23

Now John also **was baptizing** at Aenon near Salim, <because there **was** plenty of water, and people **were** constantly **coming** to be baptized>.

- Aenon/애논/; 애논　　• Salim/쌜림/; 살렘　　• plenty of ~; 많은 ~

- because~(왜냐하면)~는 종속접속사로 부사절을 인도한다.
- and는 등위접속사로 두 문장을 연결한다.
- to be baptized는 부사적 용법(세례를 받으러)의 부정사로 동사 were coming을 수식한다.

24

(This **was** <before John **was put** in prison>.)

- 1형식동사 was(있었다)
- before ~(~ 전에)는 종속접속사로 부사절(요한이 옥에 갇히기 전에)을 인도한다.
- A be put in prison(A가 옥에 갇히다)은 'put A in prison(A를 옥에 가두다)' 의 수동태이다.

25

An argument **developed** between some of John's disciples and a certain Jew over the matter of ceremonial washing.

- develop; 벌어지다, 일어나다
- over the matter of ~; ~ 문제에 대하여
- between A and B; A와 B 사이에
- ceremonial washing; 정결 의식

- washing은 명사다. 이유는 washing이 형용사의 수식을 받기 때문이다. 동명사 앞에는 부사를 써야한다.

26

They **came** to John and **said** to him, ["Rabbi, that man (who **was** with you on the other side of the Jordan)--the one (you **testified** about)--well, he **is baptizing,** and everyone **is going** to him."]

- and는 등위접속사로 동사 came ~와 said ~를 연결한다.
- that(저 ~)은 지시형용사로 명사 man(사람)을 수식한다. 지시형용사 that 뒤에는 단수명사가 온다.
- who는 관계대명사로 형용사절(요단강 건너편에 당신과 함께 있던)을 인도한다. 선행사는 that man이다.
- that man, the one, he는 christ(그리스도)를 가리킨다.
- the one과 you 사이에 형용사절(당신이 증언한)을 인도하는 목적격 관계대명사 whom이 생략되었다.

27

To this John **replied,** "[A man **can receive** only [what **is given** him from heaven].

- a(=any); 어느 ~이든

- to는 전치사로 목적어는 this다.(이 말에)
- what(~ 것)은 관계대명사로 명사절을 인도한다. 이 명사절(하늘로부터 그에게 주어진 것)은 동사 can receive ~의 목적어다.

28

You yourselves **can testify** [that I **said**,['**I am** not the Christ but **am sent** ahead of him.']]

- not A but B; A가 아니라 B이다
- ahead of ~; ~에 앞서

- yourselves는 강조용법의 재귀대명사로 주어 you를 강조한다.
- that ~(~ 것)은 종속접속사로 명사절을 인도한다.
  이 명사절('나는 그리스도가 아니라 그보다 앞서 보내졌다'고 내가 말한 것)은 동사 can testify(증언할 수 있다)의 목적어다.

29

The bride **belongs to** the bridegroom. The friend (who **attends** the bridegroom) **waits** and **listens for** him, and **is** full of joy <when he **hears** the bridegroom's voice>. That joy **is** mine, and it **is** now complete.

- belong to ~; ~에 속하다
- be full of ~; ~가 넘치다
- attend ~; ~을 돌보다
- complete; 완전한

- who는 관계대명사로 형용사절을 인도한다. 이 형용사절(신랑을 돌보는)은 선행사 the friend를 수식한다.
- and는 등위접속사로 동사 waits와 listens for ~와 is ~를 연결한다.
- when~은 종속접속사로 부사절(그가(=친구가) 신랑의 목소리를 들으면)을 인도한다.
- that(그, 저 ~)은 지시형용사로 명사 joy를 수식한다. (그 기쁨)
- mine(나의 것)은 독립소유격(=소유대명사)으로 my joy(나의 기쁨)를 대신한다.

30

He **must become** greater; I **must become** less.

- 2형식동사 become ~(~ 이 되다)

31

"The one (who **comes** from above) **is** above all; the one (who **is** from the earth) **belongs to** the earth, and **speaks** as one from the earth. The one (who **comes** from heaven) **is** above all.

- **earth**; 땅
- **belong to ~**; ~에 속하다

- 첫 번째 who는 관계대명사로 형용사절을 인도한다. 이 형용사절(하늘에서 오신)은 선행사 the one을 수식한다.
- from above에서 above(하늘)는 명사로 전치사 from의 목적어다.
- is above all에서 above(~보다 위에)는 전치사다.(모든 것 위에 있다)
- 1형식동사 is(있다)
- and는 등위접속사로 동사 belongs to ~와 speaks를 연결한다.
- 두 번째 who는 관계대명사로 형용사절을 인도한다. 이 형용사절(땅에서 온)은 선행사 the one을 수식한다.
- as ~(~로)는 전치사로 목적어는 one이다. (사람으로)
- 세 번째 who는 관계대명사로 형용사절을 인도한다. 이 형용사절(하늘에서 오신)은 선행사 the one을 수식한다.

32

He **testifies** to [what he **has seen** and **heard**], but no one **accepts** his testimony.

- **testify to ~**; ~을 증언하다

- he는 대명사로 Jesus(예수)를 대신한다.
- what(~ 것)은 관계대명사로 명사절을 인도한다. 이 명사절(그가 보고 들은 것)은 전치사 to의 목적어다.

33

The man (who **has accepted** it) **has certified** [that God **is** truthful].

- **certify ~**; ~을 증명하다
- **truthful**; 정직한, 참된

- who는 관계대명사로 형용사절을 인도한다. 이 형용사절(그것을 받아들인)은 선행사 the man을 수식한다.
- that ~(~ 것)은 종속접속사로 명사절을 인도한다. 이 명사절(하나님은 참되시다는 것)은 동사 has certified의 목적어다.

갈릴리
예수

34

For the one (whom God **has sent**) **speaks** the words of God, for God **gives** the Spirit without limit.

- without limit; 한없이, 얼마든지

- 등위접속사 for(왜냐하면)
- whom은 관계대명사로 형용사절을 인도한다. 이 형용사절(하나님이 보낸)은 선행사 the one을 수식한다.
- 3형식동사로 쓰인 speak ~(~을 말하다)

35

The Father **loves** the Son and **has placed** everything in his hands.

- place ~; ~을 두다

- and는 등위접속사로 동사 loves ~와 has placed ~를 연결한다.

36

[Whoever **believes in** the Son] **has** eternal life, but [whoever **rejects** the Son] **will** not **see** life, for God's wrath **remains** on him.]"

- reject ~; ~을 거부하다, 받아들이지 않다
- wrath; 벌
- life; 생명
- remain on ~; ~위에 머무르다

- 첫 번째 whoever는 복합관계대명사로 명사절을 인도한다. 이 명사절(아들을 믿는 사람은 누구든지)은 has의 주어다.
- 두 번째 whoever는 복합관계대명사로 명사절을 인도한다. 이 명사절(아들을 받아들이지 않는 사람은 누구든지)은 will not see의 주어다.
- 등위접속사 for(왜냐하면)

세례 요한이 투옥되다

누가 3:18-20 (마태 4:12, 마가1:14)

18

And with many other words John **exhorted** the people and **preached** the good news to them.

- exhort/이그**조**~르트/ ~; ~을 훈계하다
- preach ~; ~을 전하다, 설교하다

- and는 등위접속사로 동사 exhorted ~와 preached ~를 연결한다.

19

But <when John **rebuked** Herod the tetrarch because of Herodias, his brother's wife, and all the other evil things (he **had done**)>,

- Herod/**헤**뤄드/; 헤롯
- tetrach/**티**~트롸~악/; 고대 로마 제국의 4분의 1을 다스리는 영주
- Herodias/허**로**우디어스/; 헤로디아

- Herodias와 his brother's wife는 동격이다.
- and는 등위접속사로 전치사 because of~(~ 때문에)의 목적어 Herodias와 all the other evil things를 연결 한다.
- things와 he 사이에 형용사절(그가 저지른)을 인도하는 목적격 관계대명사 that이 생략되었다.
- had done은 대과거로 과거인 rebuked보다 이전 시제를 나타낸다.

20

Herod **added** this to them all: He **locked** John **up** in prison.

- add A to B; A를 B에 더하다
- lock A up; A를 가두다

- this는 지시대명사로 'He locked John up in prison.(그가 요한을 옥에 가두었다)' 을 가리킨다.
- them은 19절의 두 가지 문제, 즉 Herodias와 all the other evil things he had done(그가 했던 모든 악한 일)이다.

JESUS
ENGLISH

8주차

예수님은 물을 긷던 **사마리아 여인**에게 말을 거십니다.

한 모금 물로 마른 목을 축이신 후,
'영원히 목마르지 않을 물'에 대해 말씀하십니다.
'영과 진리로 하나님을 만날 것'과
자신이 **메시아**, 곧 기름부음 입은 그리스도이심을 알려주십니다.

기적을 본 많은 사람들이 예수님을 따랐습니다.
그 가운데 한 명, **왕의 신하**가 있었습니다.

죽을 지경이 된 아들의 병을 고치기 위해 예수님을 찾아왔습니다.
예수님은 환자인 아들을 만나지도 않은 채, 먼 곳에서
말씀 한 마디로 그를 일으켜 세우십니다.

두 번째 기적 이후, 예수님의 걸음은 더욱 바빠지십니다.

갈릴리 예수

사마리아 여인과의 만남

요한 4:1-12

01

The Pharisees **heard** [that Jesus **was gaining** and **baptizing** more disciples than John],

- that ~(~ 것)은 종속접속사로 heard의 목적어인 명사절(예수께서 요한보다 더 많은 제자를 얻고 세례를 준다는 것)을 인도한다.
- and는 등위접속사로 was에 gaining ~과 baptizing ~을 연결한다.

02

<although in fact it **was** not Jesus (who **baptized**), but his disciples>.

- **although;** 비록 ~이지만
- **in fact;** 사실은, 실제로는
- **not A but B;** A가 아니라 B

- although ~는 종속접속사로 부사절을 인도한다.
- 'it be ~ who(=that) ~'(-은 바로~이다)는 강조 구문이다. (세례를 준 것은 예수가 아니라 그의 제자들 이었다)

03

<When the Lord **learned of** this>, he **left** Judea and **went back** once more to Galilee.

- learn of ~; ~을 알다
- go back to ~; ~로 돌아가다
- once more; 한 번 더

- when~(~때)은 종속접속사로 부사절(주님이 이것을 알았을 때) 을 인도한다.
- and는 등위접속사로 동사 left ~와 went back to ~를 연결한다.

04

Now he **had to go** through Samaria.

- go through ~; ~를 지나가다
- Samaria/써**메**어리어/; 사마리아

05

So he **came** to a town in Samaria called Sychar, near the plot of ground (Jacob **had given** to his son Joseph).

- Sychar/**시**커ㄹ/; 수가
- near~; ~에 가까운
- Joseph/**조**우저프/; 요셉
- plot; 작은 토지
- Jacob/**제**이컵/; 야곱

- called ~(~라 불리는)는 형용사로 쓰인 과거분사로 명사 a town을 수식한다.
- near는 전치사로 목적어는 the plot이다. (~ 땅에서 가까운)
- Jacob 앞에 형용사절을 인도하는 목적격 관계대명사 that이 생략되었다.
  이 형용사절(야곱이 그의 아들 요셉에게 준)은 선행사 the plot of ground를 수식한다.

06

Jacob's well **was** there, and Jesus, <tired as he **was** from the journey>, **sat down** by the well. It **was** about the sixth hour.

• well/웰/; 우물

- and는 등위접속사로 두 문장을 연결한다.
- 도치, tired(보어) as(접속사) he(주어) was(동사) from the journey <as he was tired from the journey
- as ~(~ 때문에, ~해서)는 종속접속사로 부사절(그가(=예수께서) 여행으로 지쳐서)을 인도한다.
- it은 비 인칭 주어로 '시간'을 나타낸다. 비 인칭 주어는 해석하지 않는다.

07

<When a Samaritan woman **came** to draw water>, Jesus **said** to her, ["**Will** you **give** me a drink?"]

• Samaritan/써매뤄튼/; 사마리아의   • say ~: ~을 말하다   • give ~: ~에게 ~을 주다

- when ~(~ 때)은 종속접속사로 부사절(한 사마리아 여인이 물을 길러 왔을 때)을 인도한다.
- to draw water는 부사적 용법(물을 길러)의 부정사로 동사 came을 수식한다.
- 3형식동사 say to A B(A에게 B라고 말하다)
- 4형식동사 give A B(A에게 B를 주다)

08

(His disciples **had gone** into the town to buy food.)

• had gone into ~; ~로 가고 없다

- to buy food는 to부정사의 부사적 용법(음식을 사러)으로 동사 had gone를 수식한다.

09

The Samaritan woman **said** to him, ["You **are** a Jew and I **am** a Samaritan woman. How **can** you **ask** me for a drink?"]
(For Jews **do** not **associate** with Samaritans.)

- ask A for B; A에게 B를 요구하다
- associate with ~; ~와 교제하다

- 등위접속사 for(왜냐하면)

10

Jesus **answered** her, ["<If you **knew** the gift of God and [who it **is** (that **asks** you for a drink)]>, you **would have asked** him and he **would have given** you living water."]

- 4형식동사 answer A B(A 에게 B라고 대답하다)
- if ~(만약 ~라면)은 종속접속사로 부사절을 인도한다.
  If you knew ~는 가정법과거(만일 당신이 ~을 안다면)로 현재사실의 반대 (~을 모르고 있다)를 나타낸다.
- and는 등위접속사로 동사 knew의 목적어 the gift of ~와 간접의문문(=명사절)을 연결한다.
- who(누구)는 의문대명사로 명사절인 간접의문문(당신에게 물을 요구하는 사람이 바로 누구인지)을 인도한다.
- it is ~ that은 강조 구문으로 주어 who(누구)를 강조한다.
- would have asked ~(~을 요구했을 텐데; 요구하지 않았다)와
  would have given ~(~를 주었을 텐데; ~를 주지 않았다)은 가정법과거완료로 과거사실의 반대를 나타낸다.
  이처럼 조건절은 가정법 과거(=현재사실의 반대)이고 주절은 가정법 과거완료(=과거사실의 반대)인 것을 혼합시제라고 한다.

11

["Sir," the woman **said**, "you **have** nothing to draw with and the well **is** deep. Where **can** you **get** this living water?

- 삽입, the woman said, said의 목적어는 12절까지다.
- to draw with ~는 형용사적 용법(물을 길을, 물을 퍼 올릴)의 부정사로 nothing을 수식한다.
- and는 등위접속사로 두 문장을 연결한다.
- where(어디서)는 의문부사로 의문문(당신은 어디에서 생수를 구할 수 있습니까?)을 인도한다.
- this(이 ~)는 지시형용사로 living water(살아있는 물, 생수)를 수식한다.

12

Are you greater than our father Jacob, (who **gave** us the well and **drank** from it himself, <as **did** also his sons and his flocks and herds>)?"]

- well; 우물   • flock; 무리   • herd; 가축

- , who는 형용사절을 인도하는 관계대명사로 계속적 용법이다. 선행사는 our father Jacob이다.
- 4형식동사 give A B(A에게 B를 주다)
- himself는 재귀대명사로 our father Jacob을 강조한다.
- as ~(~처럼)는 종속접속사로 부사절(그의 자녀들과 가축들이 마셨던 것처럼)을 인도한다.
  *다른 성경에는 his flocks and herds를 his flocks로 쓰고 있다.
- did는 대동사로 drank를 대신한다.
- 도치, did(동사) also his sons and his flocks and herds(주어). 주부가 술부보다 길 때 문장의 균형을 위해 도치시킨다.
- and는 등위접속사로 주어 his sons, his flocks, herds를 연결한다.

13

Jesus **answered**, ["Everyone (who **drinks** this water) **will be** thirsty again,

- who는 관계대명사로 형용사절을 인도한다. 이 형용사절(이 물을 마시는)은 선행사 everyone을 수식한다.
- this(이 ~)는 지시형용사로 명사 water를 수식한다.

14

but [whoever **drinks** the water (I **give** him)] **will** never **thirst**. Indeed, the water (I **give** him) **will become** in him a spring of water welling up to eternal life."]

- **well up; 샘솟다**

- whoever(~하는 사람은 누구든지)는 복 로 명사절(내가 주는 물을 마시는 사람은 누구든지)을 인도한다.
  이 명사절은 will never thirst의 주어다.
- the water 뒤에 형용사절(내가 그에게 주는)을 인도하는 목적격 관계대명사 that이 생략되었다.
  선행사는 the water이다.
- a spring(샘)은 2형식동사 become(~이 되다)의 보어다.
- welling up(샘솟는)은 형용사역할을 하는 현재분사로 명사 water를 수식한다.

15

The woman **said** to him, ["Sir, **give** me this water <so that I **won't get** thirsty and **have to keep** coming here to draw water>."]

- **'so that will not ~' ; ~하지 않도록**
- **get thirsty; 목이 마르게 되다**
- **keep ~ing; 계속 ~하다**

- 'so that will not ~'은 종속접속사로 부사절(내가 목마르지 않고 계속 이곳에 ~ 하러 올 필요가 없도록)을
  인도한다.
- and는 등위접속사로 동사 get ~과 have to keep ~ing을 연결한다.
- to draw water는 부사적 용법(물을 길으러)의 부정사로 동사 have to keep coming을 수식한다.

16

He **told** her, ["**Go, call** your husband and **come back**."]

- 4형식동사 tell A B(A에게 B라고 말하다 (=그녀에게 "가서 네 남편을 불러오라"라고 말을 했다))
- and는 등위접속사로 세 동사 go, call ~, come back을 연결한다.

17

["I **have** no husband,"] she **replied**. Jesus **said** to her, ["You **are** right <when you **say** [you **have** no husband]>.

- 도치, ["I **have** no husband,"](목적어) she(주어) **replied**(동사).("나는 남편이 없습니다."라고 그녀가 대답했다.)
- 3형식동사 say to A B(A에게 B라고 말했다.) said의 목적어는 18절까지다.
- say와 you 사이에 명사절(당신은 남편이 없다)을 인도하는 종속접속사 that이 생략되었다.

18

The fact **is**, [you **have had** five husbands], and the man (you now **have**) **is** not your husband. [What you **have** just **said**] **is** quite true."]

• the fact is, ; 사실은   • quite; 상당히, 꽤

- the man 뒤에 형용사절(당신이 지금 살고 있는)을 인도하는 목적격 관계대명사 whom이 생략되었다.
- what(~ 것)은 관계대명사로 명사절(당신이 마침 말 한 것)을 인도한다. 이 명사절은 동사 is의 주어다.

19

["Sir," the woman **said**, "I **can see** [that you **are** a prophet].

- 삽입, the woman said. 3형식동사 said의 목적어는 20절까지다.
- that ~(~ 것)은 종속접속사로 명사절을 인도한다. 이 명사절(당신이 예언자라는 것)은 동사 can see의 주어다.

20

Our fathers **worshiped** on this mountain, but you Jews **claim** [that the place (where we **must worship**) **is** in Jerusalem]."]

- Jew; 유대인
- Jerusalem/저**루**설럼/; 예루살렘

- you와 Jews는 동격이다.
- where는 관계부사로 형용사절을 인도한다. 이 형용사절(우리가 예배를 드려야하는)은 선행사 the place를 수식한다.
- 1형식동사로 쓰인 is(~에 있다)

21

Jesus **declared**, ["**Believe** me, woman, a time **is coming** (when you **will worship** the Father neither on this mountain nor in Jerusalem).

- declare ~; ~라고 선언하다
- neither A nor B; A도 B도 아닌

- declared의 목적어는 24절까지다.
- woman은 호격(=부르는 말)이다.
- when은 관계부사로 형용사절(당신이 이 산에서도 아니고 예루살렘에서도 아닌 곳에서 하나님께 예배를 드릴)을 인도하며 선행사 a time을 수식한다. 문장의 균형을 위해 선행사와 관계부사가 인도하는 형용사절을 분리시켰다.
- neither A nor B는 상관접속사로 두 부사구 on this mountain과 in Jerusalem을 연결한다.

22

You Samaritans **worship** [what you **do** not **know**]; we **worship** [what we **do know**], for salvation **is** from the Jews.

- You와 Samaritans는 동격이다.
- what(~ 것)은 관계대명사로 명사절을 인도한다. 이 명사절(너희가 알지 못하는 것)은 동사 worship의 목적어다.
- do know~에서 do는 조동사로 동사를 강조한다. what we do know(우리가 아는 것(=아는 분))
- 등위접속사 for(왜냐하면)

23

Yet a time **is coming** and **has** now **come** (when the true worshipers **will worship** the Father in spirit and truth), for they **are** the kind of worshipers (the Father **seeks**).

- 등위접속사 yet(=but; 그러나)
- when은 관계부사로 형용사절을 인도한다.
  이 형용사절(진정한 예배자들이 영과 진리로 하나님을 예배할)은 선행사 a time을 수식한다.
  문장의 균형을 위해 선행사와 관계부사가 인도하는 형용사절을 분리시킨 문장이다.
- 등위접속사 for(왜냐하면)
- worshipers 뒤에 형용사절(하나님께서 찾는)을 인도하는 목적격 관계대명사 whom이 생략되었다.

24

God **is** spirit, and his worshipers **must worship** in spirit and in truth."]

- in spirit; 영으로
- in truth; 진리로

- 첫 번째 and는 등위접속사로 두 문장을 연결한다.
- 두 번째 and는 등위접속사로 동사 must worship을 수식하는 부사구 in spirit와 in truth를 연결한다.

25

The woman **said**, ["I **know** [that Messiah "(called Christ)" **is coming**]. <When he **comes**>, he **will explain** everything to us."]

- Messiah/미싸이어/; 메시아, 구세주
- Christ/크롸이스트/; 그리스도
- explain B to A; ~B를에게 설명하다

- that ~(~ 것)은 종속접속사로 명사절(그리스도라고 불리는 메시아가 올 것을)을 인도한다.
  이 명사절은 know의 목적어다.
- called ~(~라 불리는)는 과거분사의 형용사적 용법으로 Messiah를 수식한다.

26

Then Jesus **declared,** ["I (who **speak** to you) **am** he."]

- who는 관계대명사로 형용사절을 인도한다. 이 형용사절(당신에게 말하고 있는)은 선행사 I를 수식한다.

27

Just then his disciples **returned** and **were** surprised to find him talking with a woman. But no one **asked,** ["What **do** you **want**?"] or ["Why **are** you **talking** with her?"]

- surprised;놀란
- talk with ~; ~와 말하다

- to find ~는 부사적 용법(~을 발견하고)의 부정사로 형용사 surprised를 수식한다.
- talking(말하고 있는)은 현재분사로 5형식동사의 부정사 to find의 목적보어다.

28

Then, leaving her water jar, the woman **went back** to the town and **said** to the people,

- 접속부사 then(그때)
- leaving ~(~을 남겨두고)은 분사 구문이다.
- and는 등위접속사로 동사 went back to ~와 said ~를 연결한다.

29

["**Come, see** a man (who **told** me everything (I ever **did**)).
Could this **be** the Christ?"]

- who는 관계대명사로 형용사절을 인도한다. 이 형용사절(나에게 모든 것을 말한)은 선행사 a man을 수식한다.
- everything 뒤에 형용사절(내가 지금까지 한)을 인도하는 목적격 관계대명사 that이 생략되었다.

30

They **came** out of the town and **made** their way toward him.

• make one's way toward ~; ~로 나아가다

- and는 등위접속사로 동사 came out of ~과 made ~를 연결한다.

31

Meanwhile his disciples **urged** him, ["Rabbi, **eat** something."]

• urge A B; A에게 B를 재촉하다, 권하다

- 부사 meanwhile(한편)

32

But he **said** to them, ["I **have** food to eat (that you **know** nothing about)."]

- 3형식동사 have(먹다)
- to eat는 형용사적 용법(먹을)의 부정사로 명사 food를 수식한다.
- that은 관계대명사로 형용사절을 인도한다. 이 형용사절(너희들이 알지 못하는)은 선행사 food를 수식한다.

33

Then his disciples **said** to each other, ["**Could** someone **have brought** him food?"]

- each other; 서로

- 4형식동사 bring A B(A 에게 B를 가져다주다)

34

["My food," **said** Jesus, "**is** to do the will of him (who **sent** me) and to finish his work.

- will; 의지, 뜻

- 삽입과 도치 **said** Jesus, said의 목적어는 38절 까지다.
- is의 주어는 My food다.
- to do ~는 명사적 용법(~을 하는 것)의 부정사로 동사 is의 보어.
- who는 관계대명사로 형용사절을 인도한다. 이 형용사절(나를 보낸)은 선행사 him을 수식한다.
  *선행사 him은 전치사 of의 목적어이므로 목적격이 당연하지만 주격 관계대명사 who 앞에는 주격을 써야하므로 현대 영어에서는 주격과 목적격이 동형인 부정대명사 one을 써서 one who라고 한다.
- and는 등위접속사로 동사 is의 보어 to do ~(~을 행하는 것)와 to finish~(~을 완성하는 것)를 연결한다.

35

Do you not **say**, ['Four months more and then the harvest']? I **tell** you, **open** your eyes and **look at** the fields! They **are** ripe for harvest.

- ripe; 익은

*다른 성경(kjv)에는 'Four months more and then the harvest' 를 'There are yet four months, and then comes harvest. (아직 넉 달이 있어야 추수 때가 온다)' 라고 쓰고 있다.
- and는 등위접속사로 동사 open ~과 look at ~을 연결한다.

36

Even now the reaper **draws** his wages, even now he **harvests** the crop for eternal life, <so that the sower and the reaper **may be** glad together.>

- even now; 지금도
- draw one's wage; 품삯을 받다
- , so that may ~; 그래서 ~할 것이다
- reaper; 추수하는 사람
- crop; 열매
- sower; 씨 뿌리는 자

- ', so that may ~는 종속접속사로 결과표시 부사절(그래서 씨 뿌리는 자와 추수하는 자가 함께 기뻐할 것이다)을 인도한다.
- and는 등위접속사로 동사 may be의 주어 the sower와 the reaper를 연결한다.

37

Thus the saying ['One **sows** and another **reaps**'] **is** true.

- thus; 그러므로
- saying; 말, 속담

- 주어 saying과 'One **sows** and another **reaps**' (한 사람은 뿌리고 다른 한 사람은 거둔다)는 동격이다.
- one과 another; '하나' 와 '다른 하나'
  cf. one과 the other; '하나' 와 '나머지 하나'   the one과 the other; '전자' 와 '후자'

38

I **sent** you to reap [what you **have** not **worked** for]. Others **have done** the hard work, and you **have reaped** the benefits of their labor."]

- send ~; ~를 보내다

- 3형식동사 send~
- to reap ~은 부사적 용법(~을 추수하러)의 부정사로 동사 sent를 수식한다.
- what(~ 것)은 관계대명사로 to reap의 목적어인 명사절(너희들이 일하지 않은 것)을 인도한다.

39

Many of the Samaritans from that town **believed in** him because of the woman's testimony, ["He **told** me everything (I ever **did**)."]

- many of the 복수명사, many가 수식하려는 복수명사에 관사가 붙으면 many of the 복수명사가 된다. many와 관사는 함께 쓸 수 없다. 이때 many는 대명사이다.
- the woman's testimony는 'He told me everything I ever did.(그는 내가 지금까지 한 모든 것을 말했다)' 와 동격이다.
- 4형식동사 tell A B(A에게 B를 말하다)
- everything과 I사이에 형용사절(내가 지금까지 한)을 인도하는 목적격 관계대명사 that이 생략되었다.

40

So <when the Samaritans **came** to him>, they **urged** him to stay with them, and he **stayed** two days.

- urge A to부정사; A에게 ~하라고 강요하다

- to stay with ~는 명사적 용법(~와 함께 머물 것)의 부정사로 동사 urged의 목적보어다.
- 1형식동사 stay(머무르다)

41

And because of his words many more **became** believers.

- many more; 더욱 더 많은 사람들
- believer; 신자

갈릴리
예수

42

They **said** to the woman, ["We no longer **believe** just because of [what you **said**]; now we **have heard** for ourselves, and we **know** [that this man really **is** the Savior of the world]."]

- no longer ~ ; 더 이상 ~ 않다
- for oneself; 스스로

- what(~ 것)은 관계대명사로 명사절을 인도한다. 이 명사절(당신이 말한 것)은 전치사 because of의 목적어다.
- that ~(~ 것)은 종속접속사로 명사절을 인도한다. 이 명사절(이 사람이 정말로 세상의 구원자라는 것)은 동사 know의 목적어다.

갈릴리로 돌아오다

요한 4:43-45

43

After the two days he **left for** Galilee.

- leave for ~; ~로 떠나다   cf. leave ~; ~를 떠나다, ~을 남기다

- after~(~ 후에)는 전치사로 목적어는 the two days(이틀)이다.

44

(Now Jesus himself **had pointed out** [that a prophet **has** no honor in his own country].)

- point out ~; ~을 지적하다
- have no honor; 존경을 받지 못하다

- himself는 강조 용법으로 주어 Jesus를 강조한다. 강조용법의 재귀대명사는 생략이 가능하다.
- that ~(~ 것)은 종속접속사로 명사절을 인도한다.
  이 명사절(예언자는 자기 고향에서는 존경을 받지 못한다)은 동사 had pointed out의 목적어다.

45

\<When he **arrived** in Galilee\>, the Galileans **welcomed** him. They **had seen** all (that he **had done** in Jerusalem at the Passover Feast), for they also **had been** there.

- when ~(~ 때)은 종속접속사로 부사절(그가 갈릴리에 도착했을 때)을 인도한다.
- that은 관계대명사로 형용사절(그가 유월절에 예루살렘에서 행한)을 인도하며, 선행사 all을 수식한다.
- 등위접속사 for(왜냐하면)
- 과거완료시제 had seen ~과 had done ~과 had been은 과거 welcomed보다 먼저 일어난 일을 나타내는 대과거다.

갈릴리 예수

왕의 신하의 아들을 고치다

요한 4:46-54

46

Once more he **visited** Cana in Galilee, (where he **had turned** the water into wine). And there **was** a certain royal official (whose son **lay** sick at Capernaum).

- once more; 한 번 더
- royal official; 왕의 신하
- Capernaum/커**퍼**~ㄹ니엄/; 가버나움, 팔레스타인의 수도
- turn A into B; A를 B로 바꾸다
- lie sick; 앓아눕다

-, where는 관계부사의 계속적 용법으로 형용사절을 인도한다.
　계속적 용법인 ', where'는 'and there'(그리고 그곳에서(= 갈릴리의 가나에서))라고 풀어서 해석한다.
- whose는 관계대명사로 형용사절(아들이 가버나움에서 앓아 누워있던)을 인도한다.
　소유격 관계대명사 뒤에는 명사가 필요하다. 선행사는 a certain royal official(어떤 한 왕의 신하)이다.

47

<When this man **heard** [that Jesus **had arrived** in Galilee from Judea]>, he **went** to him and **begged** him to come and heal his son, (who **was** close to death).

- **beg A to do**; A에게 ~하도록 간청하다
- **be close to death**; 죽음이 가까워지다

- that ~(~ 것)은 종속접속사로 동사 heard의 목적어인 명사절(예수께서 유대에서 갈릴리에 도착했다는 것)을 인도한다.
- 과거완료시제 had arrived는 대과거로 과거 heard보다 먼저 일어난 일을 나타낸다.
- 첫 번째 and는 등위접속사로 동사 went to ~와 begged ~를 연결한다.
- 두 번째 and는 등위접속사로 동사 5형식동사 begged의 목적보어인 명사적 용법의 부정사 to come과 heal ~(와서 ~를 치료해 달라고)을 연결한다. heal 앞에 to가 생략되었다.
- , who는 형용사절(그런데 그는(=그의 아들은) 거의 죽게 되었다)을 인도하는 관계대명사의 계속적 용법이다. 선행사는 his son이다.

48

["<Unless you people **see** miraculous signs and wonders>," Jesus **told** him, "you **will** never **believe**."]

- **miraculous**; 초자연적인, 기적적인
- **sign**; 기적, 표적
- **wonder**; 불가사의

- unless ~(=if not)는 종속접속사로 부사절(너희가 초자연적인 기적과 불가사의한 일을 보지 않으면)을 인도한다.
- you와 people은 동격이다.
- and는 등위접속사로 동사 see의 목적어 signs와 wonders를 연결한다.
- 삽입, Jesus told him

49

The royal official **said**, ["Sir, **come down** <before my child **dies**>."]

- before(~ 전에)는 종속접속사로 부사절(내 아이가 죽기 전에)을 인도한다.

50

Jesus **replied**, ["You **may go**. Your son **will live**."] The man **took** Jesus at his word and **departed**.

- take Jesus at his word; 예수의 말을 믿다(=believe Jesus' words)   • depart; 떠나다

- may는 허가를 나타내는 조동사(~해도 좋다)이다.   cf. 추측을 나타내는 조동사 may(~일지 모른다.)
- and는 등위접속사로 동사 took ~와 departed를 연결한다.

51

<While he **was** still on the way>, his servants **met** him with the news [that his boy **was living**]

- while ~(~ 동안)은 종속접속사로 부사절(그가 아직 길에 있는 동안)을 인도한다.
- that ~(~ 것)은 종속접속사로 명사절을 인도한다. 이 명사절(그의 아이가 살았다는)은 the news와 동격이다.
- was living(=was going to live=lived; 살았다)

52

<When he **inquired** as to the time (when his son **got** better)>, they **said** to him, ["The fever **left** him yesterday at the seventh hour."]

- inquire; 물어보다   • get better; 좋아지다

- as to ~(~에 관하여)는 전치사로 목적어는 the time이다.
- when은 관계부사로 형용사절을 인도한다. 이 형용사절(그의 아들이 좋아진)은 선행사 the time을 수식한다.

53

Then the father **realized** [that this **was** the exact time (at which Jesus **had said** to him, ["Your son **will live**."])] So he and all his household **believed**.

• household; 가족

- that ~(~ 것)은 종속접속사로 동사 realized의 목적어인 명사절(그 때가 ~한 정확한 시각이었다는 것)을 인도한다.
- at which는 '전치사+관계대명사'로 관계부사 when과 같다. 이 형용사절(예수께서 그에게 "네 아들이 살아날 것이다"라고 말했던)은 선행사 the exact time(그 정확한 시각)을 수식한다.
- and는 등위접속사로 주어 he와 all his household(그의 모든 가족)를 연결한다.

54

This **was** the second miraculous sign (that Jesus **performed**), having come from Judea to Galilee.

• the second miraculous sign; 두 번째 초자연적인 표적

- that은 관계대명사로 형용사절을 인도한다. 이 형용사절(예수께서 행하신)은 the second miraculous sign을 수식한다.
- having come~은 어법상 맞지 않으므로 after coming~(그가(=예수께서) 유대에서 갈릴리로 온 후)으로 바꿔서 이해한다.

JESUS ENGLISH

9주차

가난한 자에게 복음을 전하러왔다.

포로 된 자를 풀어주고 눈 먼 자를 다시 보게 하고
눌린 자에게 자유를 주기 위해 …
예수님은 군중들 앞에서 자신의 선교 이념을 선포하십니다.

성경을 가르치시고 천국복음을 전하시며
연약한 인간들을 끌어안고
고통 중에 신음하는 간질환자, 중풍병자, 나병환자 등을 치료하십니다.

능력을 보이시고, 때론 잘못된 관행을 깨트리며 논쟁하는 예수!
그의 언행 하나하나마다
박진감과 에너지가 넘쳐흐릅니다.

갈릴리의 예수는 다이내믹하십니다.

그럼, 갈릴리 중심으로 한 걸음 더 들어가 보겠습니다.

갈릴리 예수

선교 이념을 선포하다

누가 4:14-30

14

Jesus **returned** to Galilee in the power of the Spirit, and news about him **spread** through the whole countryside.

- **return to ~**; ~로 돌아가다
- **whole**; 전체의, 모든
- **spread**; 퍼지다
- **countryside**; 지역

- 1형식동사 return
- 1형식동사 spread
- through~(두루, 여기 저기)는 전치사로 목적어는 the whole countryside다.

15

He **taugh**t in their synagogues, and everyone **praised** him.

- **synagogue**/씨너각/; 유대교의 예배당
- **praise ~**; ~를 찬양하다

- 1형식동사 teach(가르치다)

16

He **went** to Nazareth, (where he **had been brought up**), and on the Sabbath day he **went** into the synagogue, (as **was** his custom). And he **stood up** to read.

- be brought up; 자라다
- Sabbath/쌔버스/; 안식일

- , where(=and there)는 계속적 용법의 관계부사다. 이 형용사절의 선행사는 Nazareth다.
- had been brought up은 대과거로 went보다 먼저 일어난 일을 나타낸다.
 ('그가 자랐던 곳에' 그 이후에 '그가 갔다'는 뜻이다.)
- ', as'는 유사관계대명사로 형용사절을 인도하며
 ', which'처럼 앞 문장 전체(=on the Sabbath day he went into the synagogue)를 선행사로 받는다.
 , as was his custom.(그런데 그것(=안식일에 회당에 가는 것)은 그의 풍습이었다)
 * 종속접속사 as와 다른 점은 유사관계대명사 as 뒤에는 불완전한 문장이 온다.
- to read는 부사적 용법(읽으려고)의 부정사로 동사 stood up을 수식한다.

17

The scroll of the prophet Isaiah **was handed** to him. Unrolling it, he **found** the place (where it **is written**):

- scroll; 두루마리
- hand A B(=hand B to A); A에게 B를 건네주다
- unroll ~; ~을 펼치다, 펴다

- unrolling it은 분사 구문이다. <after he unrolled it (그가(=예수께서) 그것(=두루마리)를 펼친 후)
- where는 관계부사로 형용사절을 인도한다. 이 형용사절(그것이 쓰여 있는)은 선행사 the place를 수식한다.
- it is written에서 주어 it은 18~19절을 가리킨다.

갈릴리 예수

18

["The Spirit of the Lord **is** on me, <because he **has anointed** me to preach good news to the poor>. He **has sent** me to proclaim freedom for the prisoners and recovery of sight for the blind, to release the oppressed,

- anoint ~; ~를 선정하다, 기름을 바르다
- prisoner; 포로, 죄인
- the blind; 눈먼 사람들
- freedom; 자유
- recovery; 회복
- the oppressed; 억압받는 사람들

- to preach ~는 부사적 용법(~을 전하도록)의 부정사로 동사 has anointed ~를 수식한다.
- the poor(가난한 사람들), the+형용사는 복수 보통명사다.
- the oppressed the+형용사는 복수 보통명사다.
- to proclaim ~은 부사적 용법(~을 선포하도록)의 부정사로 동사 has sent를 수식한다.
- and는 등위접속사로 부정사 to proclaim의 목적어 freedom과 recovery를 연결한다.
- to release ~는 부사적 용법(~을 풀어주도록)의 부정사로 동사 has sent를 수식한다.

19

to proclaim the year of the Lord's favor."]

- the year of the Lord's favor; 주의 은혜의 해

- to proclaim ~은 부사적 용법(~을 선포하도록)의 부정사로 18절의 동사 has sent를 수식한다.

20

Then he **rolled up** the scroll, **gave** it **back** to the attendant and **sat down**. The eyes of everyone in the synagogue **were fastened** on him,

- roll up ~; ~을 둥글게 말다
- attendant; 시중드는 사람
- give B back to A; B를 A에게 돌려주다
- be fastened on ~; ~에 고정되다

- and는 등위접속사로 세 동사 rolled up ~, gave ~ back, sat down을 연결한다.

21

and he **began** by saying to them, ["Today this scripture **is fulfilled** in your hearing."]

- be fulfilled; 이루어지다   cf. fulfill ~; ~을 실행하다, ~을 이루다

- and는 등위접속사로 20절과 21절 두 문장을 연결한다.

22

All **spoke well of** him and **were** amazed at the gracious words (that **came** from his lips). [**"Isn't** this Joseph's son?"] they **asked.**

- speak well of ~; ~를 칭찬하다   • be amazed at ~; ~에 놀라다

- and는 등위접속사로 동사 spoke well of ~와 were ~를 연결한다.
- that은 관계대명사로 형용사절을 인도한다.
  이 형용사절(그의 입에서 나오는)은 선행사 the gracious words(은혜로운 말)를 수식한다.
- 수사 의문문 Isn't this Joseph's son?(이 사람이 요셉의 아들이 아니냐?)은 강조할 목적으로 질문하는 의문문이다.
- 도치, [**"Isn't** this Joseph's son?"](목적어) they(주어) **asked**(동사).

23

Jesus **said** to them, ["Surely you **will quote** this proverb to me: ['Physician, **heal** yourself! **Do** here in your hometown [what we **have heard** (that you **did** in Capernaum)].']"]

- quote ~; ~을 인용하다   • proverb; 속담   • physician; 의사 cf. surgeon; 외과의사

- this(이 ~)는 지시대명사로 명사 proverb를 수식한다.
- yourself는 재귀대명사로 동사 heal의 목적어다. 목적어로 쓰인 재귀용법은 생략할 수 없다.
- here와 in your hometown은 동격이다.
- what(~ 것)은 관계대명사로 동사 do의 목적어인 명사절(우리가 들은 것)을 인도한다.
- that은 관계대명사로 형용사절(당신이 가버나움에서 한)을 인도한다. 선행사는 what(~ 것)이다.

갈릴리 예수

24

["I **tell** you the truth," he **continued**, "no prophet **is accepted** in his hometown.

- 4형식동사 tell A B(A에게 B를 말하다)
- 삽입, he continued, continued의 목적어는 27절까지다.

25

I **assure** you [that there **were** many widows in Israel in Elijah's time, (when the sky **was shut** for three and a half years and there **was** a severe famine throughout the land)].

- assure A that절; A에게 ~라고 분명히 하다
- three and a half years; 3년 반
- severe; 심각한
- widow; 과부, 미망인
- famine; 기근

- 4형식동사 assure A that절
- that ~ 은 종속접속사로 명사절을 인도한다.
  이 명사절(엘리야 시대에 이스라엘에 많은 과부들이 있었다)은 동사 assure의 직접목적어다.
- , when은 계속적 용법의 관계부사로 '그리고 그때'(=and then)로 풀어서 해석한다.
  이 형용사절(그리고 그때 하늘이 삼년 반 동안 닫혀서 온 땅에 심각한 기근이 있었다.)의
  선행사는 Elijah/일라이저/'s time(엘리야 시대)이다.

26

Yet Elijah **was** not **sent** to any of them, but to a widow in Zarephath in the region of Sidon.

- any; 누구도, 아무도
- Zarephath/재뤄패스/; 사렙다
- not A but B; A가 아니라 B
- Sidon/싸이든/; 시돈

- 등위접속사 yet(=but; 그러나)   cf. 부사 yet(아직)
- any는 부정대명사로 부정문, 의문문, 조건절에 쓴다. 긍정문에 any(어떤 ~든지)는 강조의 표현이다.

27

And there **were** many in Israel with leprosy in the time of Elisha the prophet, yet not one of them **was cleansed**--only Naaman the Syrian."]

- leprosy/(을)**랩**프뤄시/; 나병
- cleanse/클**렌**즈/ ~; ~을 깨끗이 하다
- Elisha/일**라**이셔/; 엘리사
- Naaman/**네**이먼/; 나아만

- many는 대명사로 주어다.
- 등위접속사 yet(=but; 그러나)

28

All the people in the synagogue **were** furious <when they **heard** this>.

- all은 형용사로 관사 앞에 온다. 'all the people' (모든 사람들)
- when ~(~ 때)은 종속접속사로 부사절(그들이 이것을 들었을 때)을 인도한다.

29

They **got up, drove** him out of the town, and **took** him to the brow of the hill (on which the town **was built**), in order to throw him down the cliff.

- drive A out of the town; A를 마을 밖으로 몰아내다
- throw A down the cliff; A를 절벽 아래로 던지다
- brow/브롸우/; 벼랑 끝

- and는 등위접속사로 세 동사 got up, drove ~, took ~을 연결한다. (일어나, ~를 몰아냈고, ~를 데려갔다)
- which는 관계대명사로 형용사절을 인도한다. 이 형용사절(마을이 세워진)은 선행사 the hill을 수식한다.
  전치사+관계대명사 'on which'는 관계부사 'where'로 바꿀 수 있다.
- in order to throw ~는 부정사의 부사적 용법(~를 던지려고)으로 동사 took을 수식한다.

30

But he **walked** right through the crowd and **went on** his way.

go on one's way; 떠나가다

- 부사 right(바로)

갈릴리 예수

시몬 장모의 열병을 고치다

마가 1:29-31 (마태 8:14-15, 누가 4:38-39)

29

[<As soon as they **left** the synagogue>, they **went** with James and John to the home of Simon and Andrew.

- as soon as ~(~하자마자)는 종속접속사로 부사절(그들이 회당을 떠나자마자)을 인도한다.
- 첫 번째 and는 등위접속사로 전치사 with 의 목적어 James와 John을 연결한다.
- 두 번째 and는 등위접속사로 전치사 to의 목적어 Simon과 Andrew를 연결한다.

30

Simon's mother-in-law **was** in bed with a fever, and they **told** Jesus about her.

- mother-in-law; 장모
- be in bed with fever; 열병으로 앓아눕다

- and는 등위접속사로 두 문장을 연결한다.

31

So he **went** to her, **took** her hand and **helped** her **up**. The fever **left** her and she **began** to wait on them.

- wait on ~; ~에게 시중을 들다

- 첫 번째 and는 등위접속사로 세 동사 went to ~, took ~, helped ~ up을 연결한다.
- 두 번째 and는 등위접속사로 두 문장을 연결한다.
- to wait on ~은 명사적 용법(~에게 시중을 들기를)의 부정사로 동사 began의 목적어다.

갈릴리 예수

각종 병자들을 고치다
누가 4:40-41 (마태 8:16-17, 마가 1:32-34)

40

<When the sun **was setting**>, the people **brought** to Jesus all (who **had** various kinds of sickness), and laying his hands on each one, he **healed** them.

- various; 다양한
- lay one's hands on ~; ~에 손을 얹다.

- when ~(~ 때)은 종속접속사로 부사절(해가 지고 있을 때)을 인도한다.
- 3형식동사 bring to A B(A에게 B를 데려오다)
- who는 관계대명사로 형용사절을 인도한다. 이 형용사절(여러 가지 병을 가진)은 선행사 all을 수식한다.
- various는 형용사로 복수 명사 kinds를 수식한다. various 뒤에는 반드시 복수명사가 온다.
- and는 등위접속사로 두 문장을 연결한다.
- laying ~은 분사 구문이다.(그는 각 사람에게 그의 손을 얹고)

마태 8:17

This **was** to fulfill [what **was spoken** through the prophet Isaiah]: ["He **took up** our infirmities and **carried** our diseases]."

- Isaiah/아이**제**이어/; 이사야
- take up ~; ~을 떠맡다
- carry ~; ~을 짊어지다

- to fulfill ~은 형용사적 용법(~을 이루려는 것)의 부정사로 동사 was의 보어이다. 이를 'be to용법'이라고 하는데 예정, 의무나 명령, 가능, 운명 등을 나타낸다.
- what(~ 것)은 관계대명사로 명사절을 인도한다.
  이 명사절(예언자 이사야를 통해서 말한 것)은 부정사 to fulfill의 목적어다.

41

Moreover, demons **came** out of many people, shouting, ["You **are** the Son of God!"] But he **rebuked** them and **would** not **allow** them to speak, <because they **knew** [he **was** the Christ]>.

- moreover; 게다가
- demon; 귀신
- rebuke ~; ~를 꾸짖다
- allow A to부정사; A가 ~ 하는 것을 허락하다

- 접속부사 moreover
- shouting ~은 분사 구문이다. <and they shouted, ~(그리고 그들은(=귀신들은) ~라고 소리쳤다)
- and는 등위접속사로 동사 rebuked ~와 would not allow ~를 연결한다.
- would의 특별용법 would not ~(~하려하지 않다)은 강한 거절을 나타낸다.
- to speak는 명사적 용법(말하는 것)의 부정사로 동사 would not allow의 목적보어다.
- because ~(왜냐하면)는 종속접속사로 부사절(왜냐하면 그들이 ~알고 있기 때문에)을 인도한다.
- knew와 he 사이에서 명사절을 인도하는 종속접속사 that ~(~ 것)이 생략되었다.
 이 명사절(그가 그리스도라는 것)은 동사 knew의 목적어다.

갈릴리
예수

한적한 곳에서 기도하다

마가 1:35-39 (누가 4:42-44)

35

Very early in the morning, <while it **was** still dark>, Jesus **got up**, **left** the house and **went off** to a solitary place, (where he **prayed**).

- still; 아직
- dark; 어두운
- go off to ~; ~로 가다

- while ~(~ 때)은 종속접속사로 부사절(아직 어두울 때)을 인도한다.
- still은 부사로 형용사 dark를 수식한다.
- and는 등위접속사로 동사 got up과, left ~와 went off to ~를 연결한다.
- , where(=and there)는 관계부사의 계속적 용법으로 형용사절(그리고 거기서 그는 기도했다)을 인도한다. 선행사는 a solitary place(한적한 곳)이다.

36

Simon and his companions **went** to look for him,

- to look for ~는 부사적 용법(~를 찾으러)의 부정사로 동사 went를 수식한다.

37

and <when they **found** him>, they **exclaimed**: ["Everyone **is looking for** you!"]

- and는 등위접속사로 36절과 37절 두 문장을 연결한다.
- when ~(~ 때)은 종속접속사로 부사절(그들이 그를 찾았을 때)을 인도한다.

38

Jesus **replied**, ["**Let** us go somewhere else--to the nearby villages--so I **can preach** there also. That **is** [why I **have come**]."]

- somewhere else; 다른 어딘가
- to the nearby villages; 근처 마을로

- go는 원형부정사로 사역동사 let의 목적보어다.
- somewhere else (= to the nearby villages)
- 'so (that생략) can ~'(~할 수 있도록)은 종속접속사로
  목적표시 부사절(내가 거기서 또한 말씀을 선포할 수 있도록)을 인도한다.
- That is why ~(그래서 ~이다)는 결과를 나타낸다.(그래서 내가 왔다)
  why는 관계부사로 선행사가 생략된 명사절이다. 이 명사절은 동사 is의 보어다.
  cf. That is because ~(그것은 ~ 때문이다)는 이유를 나타낸다.

39

So he **traveled** throughout Galilee, preaching in their synagogues and driving out demons.

- drive out ~; ~을 쫓아내다

- preaching ~ and driving out ~은 분사 구문이다.
  <and he preached ~ and drove out ~(그리고 그는 말씀을 선포했고 ~을 쫓아냈다)
- and는 등위접속사로 두 분사 구문 preaching ~과 driving out ~을 연결한다.

갈릴리 예수

나병환자를 고치다

마가 1:40-45 (마태 8:1-4, 누가 5:12-16)

40

A man with leprosy **came** to him and **begged** him on his knees, ["<If you **are** willing>, you **can make** me clean."]

- **a man with leprosy**; 나병 환자(=leper)
- **clean**; 깨끗한
- **be willing to** 동사원형; ~할 마음이 있다

- him은 대명사로 Jesus를 대신한다.
- and는 등위접속사로 동사 came to ~와 begged ~를 연결한다.
- beg A on one's knees(무릎을 꿇고 A에게 간청했다 = kneel down and beg A)
- if ~(만일 ~라면)는 종속접속사로 부사절(만일 당신이 ~하실 마음이 있으시면)을 인도한다.
- 형용사 willing(~할 마음이 있는) 뒤에 'to make me clean'이 생략되었다.
- clean은 형용사로 5형식동사 make의 목적보어다.

41

Filled with compassion, Jesus **reached out** his hand and **touched** the man. ["I **am** willing,"] he **said**. "**Be** clean!"

- **compassion**; 연민, 동정, 불쌍히 여김
- **reach out one's hand**; 손을 내밀다

- filled with ~는 수동태분사구문으로 과거분사 filled 앞에 being이 생략되었다.
 <As he was filled with ~(그는 ~로 가득하여)
- and는 등위접속사로 동사 reached out ~과 touched ~를 연결한다.
- 도치, ["I **am** willing,"](목적어) he(주어) **said**(동사). willing 뒤에 'to make you clean'이 생략되었다.

42

Immediately the leprosy **left** him and he **was cured**.

- immediately; 즉시
- cure ~; ~를 치료하다

- and는 등위접속사로 두 문장을 연결한다.

43

Jesus **sent** him **away** at once with a strong warning:

- send A away; A를 멀리 보내다
- at once; 즉시

44

["**See** [that you **don't tell** this to anyone]. But **go, show** yourself to the priest   and **offer** the sacrifices (that Moses **commanded** for your cleansing), as a testimony to them."]

- see (to it) that ~; ~하도록 마음을 쓰다, ~에 주의하다
- sacrifice; 제물
- testimony; 증거

- 44절이 바로 43절의 a strong warning(강한 경고)이다.
- that ~(~ 것)은 종속접속사로 명사절(너는 이것을 아무에게도 말하지 않도록)을 인도한다.
- 3형식동사로 쓰인 tell B to A(B를 A에게 말하다)
- and는 등위접속사로 동사 go와 show ~와 offer ~를 연결한다.
- yourself는 재귀용법으로 동사 show의 목적어다. 명령문이므로 주어는 당연히 you다.
- that은 관계대명사로 형용사절을 인도한다.
  이 형용사절(너의 몸이 깨끗해진 것에 대하여 모세가 명한)은 선행사 the sacrifices를 수식한다.
- as ~(~로)는 전치사이며 목적어는 testimony다.

45

Instead he **went out** and **began** to talk freely, spreading the news. As a result, Jesus **could** no longer **enter** a town openly but **stayed** outside in lonely places. Yet the people still **came** to him from everywhere.

- no longer; 더 이상 ~않다(=not ~ any longer)
- everywhere; 모든 곳, 도처

- 부사 instead(대신에) cf. 전치사 instead of ~(~대신에)
- and는 등위접속사로 동사 went out과 began ~을 연결한다.
- to talk는 명사적 용법(말하기를)의 부정사로 동사 began의 목적어다.
- spreading ~은 분사 구문이다.(그래서 그는 그 소식을 퍼뜨렸다)
- but은 등위접속사로 두 동사 could no longer enter ~와 stayed를 연결한다.
- 등위접속사 yet(=but)
- everywhere는 명사로 전치사 from의 목적어다.

중풍병자를 고치다

마가 2:1-12 (마태 9:1-8, 누가 5:17-26)

01

A few days later, <when Jesus again **entered** Capernaum>, the people **heard** [that he **had come** home].

- a few 뒤에는 복수명사가 온다.
- when ~(~ 때)은 종속접속사로 부사절(예수께서 다시 가버나움에 들어가셨을 때)을 인도한다.
- that ~은 종속접속사로 명사절을 인도한다. 이 명사절(그가(=예수께서) 집에 왔다)은 동사 heard의 목적어다.

02

So many **gathered** <that there **was** no room left, not even outside the door>, and he **preached** the word to them.

- left; 남은   • room; 공간   • outside~; ~의 밖에

- so ~ that ~(그래서)은 종속접속사로 결과를 나타내는 부사절(너무 많은 사람들이 모였다. 그래서 남은 자리가 없었다, 심지어 문 밖에도)을 인도한다.
- left는 과거분사로 명사 room을 수식한다.
- outside ~는 전치사이며 목적어는 the door이다.
- and는 등위접속사로 두 문장을 연결한다.

03

Some men **came**, bringing to him a paralytic, carried by four of them.

• paralytic/패뤌리틱/; 중풍환자

- bringing ~은 분사 구문이다.(그런데 그들은(=some men) 그에게(=예수께) 한 중풍병자를 데려왔다)
- carried ~는 과거분사로 carried 앞에 주격관계대명사와 be동사 'who was'가 생략되었다. 선행사는 paralytic이다. (그런데 그를(=중풍환자를) 네 사람이 데려왔다)
  *수동태 문장을 우리말로 옮기면(그는 네 사람에 의해 데려와 졌다) 어색할 경우가 많으므로 능동으로 해석하는 것이 자연스럽다.
- them은 대명사로 some men을 대신한다.

04

<Since they **could** not **get** him to Jesus because of the crowd>, they **made** an opening in the roof above Jesus and, after digging through it, **lowered** the mat (the paralyzed man **was lying** on).

- get B to A; B를 A에게 데려가다
- lower~; ~을 아래로 내리다
- dig; 파다
- make an opening; 구멍을 내다
- after ~ing; ~ 후에
- paralyzed; 마비된

- since ~(~때문에=because, as)는 종속접속사로 부사절(그들은 군중 때문에 그를(=환자를) 예수께 데려갈 수 없어서)을 인도한다.
- and는 등위접속사로 동사 made ~ 와 lowered ~를 연결한다.
- the mat 뒤에 형용사절(마비된 사람이 누워 있는)을 인도하는 목적격 관계대명사 that이 생략되었다.

05

<When Jesus **saw** their faith>, he **said** to the paralytic, ["Son, your sins **are forgiven**."]

- paralytic/패뤌리틱/; 중풍환자

- when ~(~ 때)은 종속접속사로 부사절(예수께서 그들의 믿음을 보시고)을 인도한다.
- 3형식동사 said to A B(A에게 B라고 말하다)

06

Now some teachers of the law **were sitting** there, thinking to themselves,

- think to oneself ~; 혼자 ~라 생각하다, 속으로 ~을 생각하다

- thinking ~은 분사 구문이다.(= and they thought ~; 그리고 그들은~라고 생각했다)
- themselves는 재귀용법으로 전치사 to의 목적어이므로 생략이 불가능하다.

07

["Why **does** this fellow **talk** like that? He**'s blaspheming!** Who **can forgive** sins but God alone?"]

- fellow; 사람
- blaspheme/블래스**피**~임/; 신성을 모독하다

- 7절은 6절의 현재분사 thinking의 목적어다.
- this(이 ~)는 지시형용사로 단수명사 fellow를 수식한다.
- like ~(~처럼)는 전치사이며 목적어는 that이다.(그 처럼)
- who(누가)는 의문사로 의문문(하나님 한 분을 제외하고 누가 죄를 용서할 수 있나?)을 인도한다.
  의문사가 주어일 때는 어순이 평서문과 같다.
- but(~을 제외하고)은 전치사이며 목적어는 God이다.

08

Immediately Jesus **knew** in his spirit [that this **was** [what they **were thinking** in their hearts]], and he **said** to them, ["Why **are** you **thinking** these things?

- immediately/이**미**~디어틀리/; 곧, 즉시

- that ~(~ 것)은 종속접속사로 명사절(이것이 ~라는 것)을 인도한다. 이 명사절은 동사 knew의 목적어다.
  *접속사 that 뒤에는 완전한 문장이 온다.
- what(~ 것)은 관계대명사로 명사절을 인도한다. 이 명사절(그들이 마음속에 생각하고 있던 것)은 동사 was의 보어다.
  *관계대명사 what 뒤에는 불완전한 문장이 온다. what이 주어일 때는 주어가 없고, 목적격일 때는 목적어가 없다.
- and는 등위접속사로 두 문장을 연결한다.
- said의 목적어는 10절 He 앞까지다.
- why(왜)는 의문부사로 의문문(왜 너희들은 이런 것들을 생각하고 있느냐?)을 인도한다.
- these(이 ~)는 지시형용사로 복수명사 things를 수식한다.

09

Which **is** easier: to say to the paralytic, ['Your sins **are forgiven**,'] or to say, ['**Get up, take** your mat and **walk**']?

- which(어느 것)는 의문대명사로 의문문(어느 것이 더 쉬우냐?)을 인도한다.
- or는 등위접속사로 두 부정사 to say ~와 to say ~를 연결한다.
  이 두 부정사는 명사적 용법(~라고 말하는 것)으로 주어다.
- and는 등위접속사로 세 동사 get up과 take ~와 walk를 연결한다.

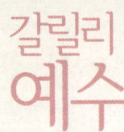

10

But [that you **may know** [that the Son of Man **has** authority on earth to forgive sins]....."] He **said** to the paralytic,

- authority/어쏘~뤄티/; 권한

- but과 that 사이에 'I will prove to you(내가 너희에게 입증할 것이다)가 생략되었다.
- that ~(~ 것)은 종속접속사로 명사절을 인도한다.
  이 명사절(인자가 땅에서 죄를 용서할 권한을 가지고 있다는 것)은 동사 may know의 목적어다.
- to forgive ~(~을 용서 할)는 형용사적 용법으로 명사 authority를 수식한다.
- said의 목적어는 11절이다.

11

["I **tell** you, **get up**, **take** your mat and **go** home."]

- and는 등위접속사로 세 동사 get up, take ~, go를 연결한다.

12

He **got up**, **took** his mat and **walked out** in full view of them all. This **amazed** everyone and they **praised** God, saying, ["We **have** never **seen** anything like this!"].

- in full view of ~; ~가 다 보는 데서
- have never seen ~; ~을 본 적이 없다

- 첫 번째 and는 등위접속사로 세 동사 got up, took ~, walked out을 연결한다.
- 두 번째 and는 등위접속사로 두 문장을 연결한다.
- saying ~은 분사 구문이다. <and they said ~(그리고 그들은 ~라 말했다)
- have never seen ~은 현재완료로 경험을 나타낸다

JESUS
ENGLISH

10주차

소외 받는 자들과 기꺼이 어울리던 예수님이었습니다.

손가락질을 받던 마태를 부르신 예수,
죄인들과 한 상에 어울려 식사하던 예수는
수군거리는 사람을 향해
"내가 병자와 죄인을 위해 이 땅에 왔다" 고 선포하십니다.

서른여덟 해 누워있던 병자를 고치십니다.

때론 안식일에 치료를 행하시므로 유대인들이 박해를 시작하지만
"내 아버지께서 이제까지 일하시니 나도 일 한다"며
오히려 예수님은
하나님께서 자신의 친 아버지 이심을 주장하십니다.

그럼, 예수님의 가르치심을 직접 들어보겠습니다.

갈릴리 예수

세리 마태를 부르다

마가 2:13-17 (마태 9:9-13, 누가 5:27-32)

13

Once again Jesus **went out** beside the lake. A large crowd **came** to him, and he **began** to teach them.

- beside ~; ~ 옆에
- lake; 호수

- 부사 once(한 번) cf. 접속사 once(일단 ~하면)
- beside ~는 전치사이며 목적어는 the lake다.
- and는 등위접속사로 두 문장을 연결한다.
- to teach ~는 명사적 용법(~를 가르치기)의 부정사로 동사 began의 목적어다.

14

<As he **walked along**>, he **saw** Levi son of Alphaeus sitting at the tax collector's booth. ["**Follow** me,"] Jesus **told** him, and Levi 누가 5:28 **left** everything, **got up** and **followed** him.

- Levi/(을)리~바이/; 레위
- Alphaeus/앨피~어스/; 알페이오스, 알페오

- as ~(~ 하면서, ~하다가)는 종속접속사로 부사절(그가 계속 걷다가)을 인도한다.
- sitting(앉아있는)은 현재분사로 지각동사 saw의 목적보어다.
- Levi와 son of Alphaeus는 동격이다.
- 도치, ["**Follow** me,"](직접목적어) Jesus(주어) **told**(동사) him(간접목적어)

누가 5:29

Then Levi **held** a great banquet for Jesus at his house, and a large crowd of tax collectors and others **were eating** with them.

- hold a great banquet for ~; ~를 위해서 성대한 연회를 베풀다
- a large crowd of ~; 많은 ~들
- tax collector; 세리

- 첫 번째 and는 등위접속사로 두 문장을 연결한다.
- 두 번째 and는 등위접속사로 주어 tax collectors와 others(다른 사람들)를 연결한다.

<While Jesus **was having** dinner at Levi's house>, many tax collectors and "sinners" **were eating** with him and his disciples, for there **were** many (who **followed** him).

- have dinner; 저녁을 먹다
- sinner; 죄인
- disciple; 제자

- while ~(~ 동안에)은 종속접속사로 부사절(예수께서 레위의 집에서 저녁을 드시고 계시는 동안)을 인도한다.
- 첫 번째 and는 등위접속사로 주어 many tax collectors와 "sinners"를 연결한다.
- 두 번째 and는 등위접속사로 전치사 with의 목적어 him(=Jesus; 예수)과 his disciples를 연결한다.
- 등위접속사 for(왜냐하면)
- 'there were many who ~(~ 하는 많은 사람들이 있었다)'는 도치 구문이다.
- many(많은 사람들)는 대명사로 주어다.
- who는 관계대명사로 형용사절을 인도한다. 이 형용사절(그를 따르는)은 선행사 many를 수식한다.

<When the teachers of the law (who **were** Pharisees) **saw** him eating with the "sinners" and tax collectors>, they **asked** his disciples: ["Why **does** he **eat** with tax collectors and 'sinners'?"]

- teacher of the law; 율법학자, 서기관

- when ~(~ 때)은 종속접속사로 부사절을 인도한다.
- who는 관계대명사로 형용사절을 인도한다. 이 형용사절(바리세파인)은 선행사 the teachers of the law를 수식한다.
- eating(먹고 있는)은 현재분사로 지각동사 saw의 목적보어다.
- 4형식동사 ask A B(A에게 B를 물어보다)
- why(왜)는 의문부사로 의문문(왜 그는(=예수께서) 세리들과 그리고 죄인들과 함께 식사를 하시느냐?)을 인도한다.

갈릴리 예수

17

On hearing this, Jesus **said** to them, ["It **is** not the healthy (who **need** a doctor), but the sick.
I **have** not **come** to call the righteous, **but** sinners."]

- on ~ing; ~하자마자
- the healthy; 건강한 사람들
- the righteous; 의로운 사람들
- not A but B; A가 아니라 B이다
- the sick; 병든 사람들

- 'It be ~ who -'는 강조구문(who이하는 바로 ~이다)으로 주어 the heathy를 강조한다. who를 that으로 쓸 수 있다.
- the+형용사 the healthy, the sick, the righteous는 복수 보통명사다.
- to call ~은 부사적 용법(~를 부르러)의 부정사로 동사 have not come을 수식한다.

마태 9:13

But **go** and **learn** [what this **means**]: ['I **desire** mercy, not sacrifice.']

- mercy; 자비
- sacrifice; 제물

- and는 등위접속사로 동사 go와 learn ~을 연결한다.
- what은 의문대명사(무엇) 또는 관계대명사(~ 것)로 명사절을 인도한다.
  이 명사절(이것이 무엇을 의미하는 지= 이것이 의미하는 것)은 동사 learn의 목적어다.
- this는 지시대명사로 'I desire mercy, not sacrifice.' 를 가리킨다.

새 포도주는 새 부대에

누가 5:33-39 (마태 9:14-17, 마가 2:18-22)

마가 2:18

Now John's disciples and the Pharisees **were fasting**.

- fast; 단식하다, 금식하다

33

They **said** to him, ["John's disciples often **fast** and **pray**, and so **do** the disciples of the Pharisees, but yours **go on** eating and drinking."]

- disciple; 제자
- pray; 기도하다
- go on ~ing; 계속 ~하다

- 3형식동사 said to A B(A에게 B라고 말하다)
- 첫 번째 and는 등위접속사로 동사 fast(금식하다)와 pray를 연결한다.
- 두 번째 and는 등위접속사로 두 문장을 연결한다.
- 도치, so **do(대동사)** the disciples of the Pharisees(주어). = the disciples of the Pharisees(주어) **do(대동사)**, too.
- do는 대동사로 동사 fast and pray를 대신한다.
- yours는 소유대명사다. 소유대명사는 소유격+명사로 your disciples(당신의 제자들)를 대신한다.
- and는 등위접속사로 전치사 on의 목적어 eating과 drinking을 연결한다.

34

Jesus **answered**, ["**Can** you **make** the guests of the bridegroom fast <while he **is** with them>?

- fast(금식하다)는 원형부정사로 사역동사 make의 목적보어다.
- while ~(~ 동안)은 종속접속사로 부사절(그가 그들과 함께 있는 동안)을 인도한다.
- 대명사 he는 bridegroom(신랑)을 them은 guests (손님들)을 대신한다.
- 1형식동사 is(있다)

갈릴리
예수

35

But the time **will come** (when the bridegroom **will be taken** from them); in those days they **will fast**."]

- when은 관계부사로 형용사절을 인도한다.
  이 형용사절(신랑을 그들에게서 빼앗아 갈)은 선행사 the time(때)을 수식한다.
- those(그 ~)는 지시형용사로 복수명사 days를 수식한다.

36

He **told** them this parable: ["No one **tears** a patch from a new garment and **sews** it on an old one. <If he **does**>, he **will have torn** the new garment, and the patch from the new **will** not **match** the old.

- tear/테어ㄹ/ ~; ~을 떼어내다, ~을 찢다
- patch; 헝겊 조각
- garment/가~먼트/; 옷

- 4형식동사 tell A B(A에게 B를 말하다)
- this(이 ~)는 지시형용사로 단수명사 parable(비유)을 수식한다. this parable은 39절까지다.
- one은 부정대명사로 불특정 단수명사를 대신한다.
  첫 줄의 No one은 사람을 나타내고 둘째 줄의 one은 garment를 대신한다.
- if ~(만약 ~하면)는 종속접속사로 부사절을 인도한다. does는 대동사로 'tears a patch from a new garment and sews it on an old one(새 옷에서 헝겊 조각을 떼어내서 그것을 낡은 옷에 깁는다)'을 대신한다.
- the new(=the new garment; 새 옷)
- the old(=the old garment; 낡은 옷)

37

And no one **pours** new wine into old wineskins. <If he **does**>, the new wine **will burst** the skins, the wine **will run out** and the wineskins **will be ruined.**

- pour A into B; A를 B에 붓다
- burst ~; ~을 터뜨리다
- wineskin/**와**인스낀/; 포도주용 가죽 부대

- if ~(만약 ~하면)는 종속접속사로 부사절을 인도한다.
- does는 대동사로 'pours new wine into old wineskins (새 포도주를 낡은 포도주용 가죽 부대에 붓다)' 를 대신한다.
- and는 등위접속사로 세 문장을 연결한다.

38

No, new wine **must be poured** into new wineskins.

- A be poured into B는 'pour A into B' (A를 B에 붓다)의 수동태이다.

39

And no one after drinking old wine **wants** the new, for he **says**, ['The old **is** better.']"]

- after ~ing; ~한 후에

- 등위접속사 for(왜냐하면)
- the new와 the old 뒤에 wine이 생략되었다.

베데스다 못가의 병자를 고치다

요한 5:1-9

01

Sometime later, Jesus **went up** to Jerusalem for a feast of the Jews.

- go up to ~; ~로 올라가다
- feast; 축제

02

Now there **is** in Jerusalem near the Sheep Gate a pool, (which in Aramaic **is called** Bethesda) and (which **is surrounded** by five covered colonnades.)

- pool; 연못
- Aramaic/애뤄**메**이익/; 아람어
- Bethesda/버**쎄**즈더/; 베데스다
- five covered colonnades; 덮개가 있는 다섯 개의 주랑

- 도치, there **is**(동사) in Jerusalem near the Sheep Gate(부사구) a pool(주어)
- , which는 관계대명사의 계속적 용법으로 형용사절
  (그런데 그것은(=연못은) 아람어(=히브리어)로 베데스다라고 불린다)을 인도 한다. 선행사는 a pool이다.
- and는 등위접속사로 두 형용사절 which in ~과 which is ~를 연결한다.
- which는 관계대명사로 형용사절(그리고 그것은 덮개가 있는 다섯 개의 주랑으로 둘러싸여 있다)을 인도한다. 선행사는 a pool이다.

03

Here a great number of disabled people **used to lie**--the blind, the lame, the paralyzed.

- a great number of ~; 아주 많은 ~
- disabled; 장애가 있는

- used to는 과거의 규칙적인 습관이나 상태를 나타내는 조동사다.
  여기서 used to lie는 과거의 상태(누워 있었다)를 나타낸다.
- disabled people은 'the blind(맹인들), the lame(다리를 저는 사람들)
  the paralyzed(손발이 마비된 사람들)'을 가리킨다. the+형용사(=the blind, the lame, the paralyzed)는 복수보통명사다.

05

One (who **was** there) **had been** an invalid for thirty-eight years.

- **one who ~;** ~하는 사람
- **invalid/인벌리드/;** 환자

- who는 관계대명사로 형용사절을 인도한다. 이 형용사절(거기에 있던)은 선행사 one을 수식한다.
- 부사 there(거기에)

06

<When Jesus **saw** him lying there and **learned** [that he **had been** in this condition for a long time]>, he **asked** him, ["Do you **want** to get well?"]

- when ~(~ 때)은 종속접속사로 부사절을 인도한다.
- lying(누워 있는)은 현재분사로 지각동사의 saw의 목적보어다.
- and는 등위접속사로 동사 saw ~와 learned ~를 연결한다.
- that ~(~ 것)은 종속접속사로 명사절을 인도한다.
  이 명사절(그가 오랫동안 이런 상태로 있었다는 것)은 동사 learned의 목적어다.
- had been은 대과거로 과거인 learned보다 이전 시제를 나타낸다.
- 4형식동사 ask A B(A에게 B를 묻다)
- to get well은 명사적 용법(병이 나아지는 것)의 부정사로 동사 want의 목적어다.

07

["Sir," the invalid **replied**, "I **have** no one to help me into the pool <when the water **is stirred**>. <While I **am trying** to get in>, someone else **goes down** ahead of me."]

- **ahead of ~;** ~보다 앞서서
- **get in;** 들어가다

- 삽입, the invalid replied(환자가 대답했다)
- to help ~는 형용사적 용법(~ 을 도와 줄)의 부정사로 명사 no one을 수식한다.
- when ~(~ 때)은 종속접속사로 부사절(물이 움직일 때)을 인도한다.
- while ~(~ 동안)은 종속접속사로 부사절(내가 들어가려고 하는 동안)을 인도한다.
- to get in은 명사적 용법(들어가려고)의 부정사로 동사 am trying의 목적어다.
- someone else(그밖에 누군가)는 the invalid를 제외한 누군가를 의미한다.
- ahead of ~는 전치사이며 목적어는 me다.   cf. ahead는 부사다.

08

Then Jesus **said** to him, ["**Get up**! **Pick up** your mat and **walk**."]

- 3형식동사 said to A B(A에게 B라고 말하다)
- and는 등위접속사로 세 동사 get up, pick up ~, walk를 연결한다.

09

At once the man **was cured**; he **picked up** his mat and **walked**.

- and는 등위접속사로 동사 picked up ~과 walked를 연결한다.

첫 번째 안식일 논쟁

요한 5:9-18

09

The day (on which this **took place**) **was** a Sabbath,

- Sabbath/쌔버스/; 안식일

- which는 관계대명사로 형용사절을 인도한다. 이 형용사절(이 일이 일어난)은 선행사 the day를 수식한다.
  on which는 관계부사 when으로 쓸 수 있다.

10

and so the Jews **said** to the man (who **had been healed**),
["It **is** the Sabbath; the law **forbids** you to carry your mat."]

- forbid A to부정사; A가 ~하는 것을 금하다

- and는 등위접속사로 두 문장을 연결한다.
- 3형식동사 said to A B(A에게 B라고 말하다)
- who는 관계대명사로 형용사절을 인도한다. 이 형용사절(치료를 받은)은 선행사 the man을 수식한다.
- had been healed는 대과거로 said보다 이전 일을 나타낸다.
- to carry ~는 명사적 용법(~을 옮기는 것)의 부정사로 동사 forbids의 목적보어다.

##

But he **replied,** ["The man (who **made** me well) **said** to me,
['**Pick up** your mat and **walk.**']"]

- well; 건강한

- who는 관계대명사로 형용사절을 인도한다.
  이 형용사절(나를 건강하게 만든= 나를 고쳐준)은 선행사 the man을 수식한다.
- well은 형용사로 5형식동사 made의 목적보어다. cf. 부사 well(잘)
- and는 등위접속사로 동사 pick up ~과 walk를 연결한다.

12

So they **asked** him, ["Who **is** this fellow (who **told** you to pick it up and walk)?"]

- **tell A to 부정사; A에게 ~하라고 말하다**

- 4형식동사 asked A B(A에게 B라고 묻다)
- 첫 번째 who(누구)는 의문사로 의문문(~한 이 사람이 누구냐?)을 인도한다. who는 동사 is의 보어다.
- this(이 ~)는 지시형용사로 명사 fellow(사람)를 수식한다.
- 두 번째 who는 관계대명사로 형용사절을 인도한다.
  이 형용사절(너에게 그것을 들고 걸으라고 말한)은 선행사 this fellow를 수식한다.
- to pick ~은 명사적 용법(~을 집어들라고)의 부정사로 5형식동사 told의 목적보어다.
- 이어 동사 pick up의 목적어가 대명사인 경우 'pick 대명사 up', 목적어가 명사인 경우 'pick 명사 up' 또는 'pick up 명사'로 쓴다.

13

The man (who **was healed**) **had** no idea [who it **was**], for Jesus **had slipped away** into the crowd (that **was** there).

- **have no idea ~; ~을 모르다**
- **slip away into ~; 슬그머니 ~속으로 떠나다**

- 첫 번째 who는 관계대명사로 형용사절을 인도한다. 이 형용사절(치료받은)은 선행사 the man을 수식한다.
- 두 번째 who(누구)는 의문대명사로 간접의문(그가 누구인지)을 인도한다. 간접의문문은 명사절이다.
- 등위접속사 for(왜냐하면)
- that은 관계대명사로 형용사절을 인도한다. 이 형용사절(거기에 있던)은 선행사 the crowd를 수식한다.
- 1형식동사 was(있었다)

14

Later Jesus **found** him at the temple and **said** to him, ["**See,** you **are** well again. **Stop** sinning or something worse **may happen** to you."]

- well; 건강한
- worse; 더 나쁜
- stop ~ing; ~ 하는 것을 멈추다   cf. stop to부정사; ~ 하기 위해 멈추다

- and는 등위접속사로 동사 found ~와 said to ~를 연결한다.
- well은 형용사로 동사 are의 보어다.
- '명령문- or 주어 may 동사원형 ~'에서 등위접속사 or는 '그렇지 않으면'이라고 해석한다.
- 3형식동사 stop ~ing cf. 1형식동사 stop to부정사
- worse는 형용사로 something을 수식한다. something을 수식하는 형용사는 뒤에서 수식한다.

15

The man **went away** and **told** the Jews [that it **was** Jesus (who **had made** him well)].

- and는 등위접속사로 동사 went away와 told ~를 연결한다.
- that ~(~ 것)은 종속접속사로 명사절을 인도한다. 이 명사절은 5형식동사 told의 직접목적어다.
- 'It be ~ who(=that) -' 는 강조 구문으로 Jesus를 강조한다.(그를 건강하게 만든 사람은 바로 예수였다)
- well(건강한)은 형용사로 5형식동사 had made의 목적보어다.

16

So, <because Jesus **was doing** these things on the Sabbath>, the Jews **persecuted** him.

- persecute ~; ~를 박해하다

- because ~(~ 때문에)는 종속접속사로 부사절(예수께서 이런 일들을 안식일에 하고 계셨기 때문에)을 인도한다.
- these(이 ~)는 지시형용사로 복수명사 things를 수식한다.

17

Jesus **said** to them, ["My Father **is** always at his work to this very day, and I, too, **am working**."]

- be always at one's work; 항상 일하다

- this(이 ~)는 지시형용사로 단수명사 day를 수식한다.
- very(바로)는 형용사로 명사 day를 수식한다.
- and는 등위접속사로 두 문장을 연결한다.

18

For this reason the Jews **tried** all the harder to kill him; not only **was** he **breaking** the Sabbath, but he **was** even **calling** God his own Father, making himself equal with God.

- all the 비교급; 더욱 더
- not only A but (also) B; A 뿐만 아니라 B도
- harder; 더 거세게
- equal; 동등한

- for ~(~ 때문에)는 전치사로 목적어는 this reason이다.
- this(이 ~)는 지시형용사로 명사 reason을 수식한다.
- harder는 부사로 동사 tried를 수식한다.
- to kill ~은 명사적 용법(~를 죽이려고)의 부정사로 동사 tried의 목적어.
- not only **was** he **breaking** the Sabbath, 'not only'가 문장 앞에 오면 주어와 동사가 도치된다.
  not only A but B(A 뿐만 아니라 B 하다)는 등위상관접속사로 두 문장을 연결한다.
- 5형식동사 call A B(A를 B라고 부르다)
- making~은 분사 구문이다. <and he made ~(그리고 그는 자신을 하나님과 동등하게 만들었다)
- himself는 재귀대명사로 making의 목적어.
- equal은 형용사로 making의 목적보어다.

예수의 담대한 주장

요한 5:19-30

19

Jesus **gave** them this answer: "I **tell** you the truth, the Son **can do** nothing by himself; he **can do** only [what he **sees** his Father doing], <because [whatever the Father **does**] the Son also **does**>.

• by oneself; 혼자서

- 4형식동사 give A B(A에게 B를 주다)
- this(이 ~)는 지시형용사로 명사 answer를 수식한다.
- 4형식동사 tell A B(A에게 B를 말하다)
- by himself(혼자서)에서 himself는 재귀대명사로 전치사 by의 목적어.
- what(~ 것)은 관계대명사로 명사절(그는 그의 아버지가 하시는 것을 본 것)을 인도한다.
  이 명사절은 동사 can do의 목적어.
- doing은 현재분사로 지각동사 sees의 목적보어다.
- because ~(왜냐하면)는 종속접속사로 부사절(왜냐하면 아들도 또한 ~ 한다)을 인도한다.
- whatever(~는 무엇이든지)는 복합관계대명사로 명사절(아버지가 하시는 것은 무엇이든지)을 인도한다.
  이 명사절은 동사 does의 목적어.
- 도치, [whatever the Father **does**](목적어) the Son(주어) also **does(동사)**.

20

For the Father **loves** the Son and **shows** him all (he **does**). Yes, to your amazement he **will show** him even greater things than these.

• to one's amazement; 놀랍게도   • even; 훨씬

- 등위접속사 for(왜냐하면)
- and는 등위접속사로 동사 loves ~와 shows ~를 연결한다. shows의 목적어 him은 아들(=예수)이다
- all 뒤에 형용사절을 인도하는 목적격 관계대명사 that이 생략되었다.
  이 형용사절(그가(=아버지가) 하는)은 선행사 all을 수식한다.
- 4형식동사 show A B(A에게 B를 보여주다)
- even은 비교급 강조부사로 형용사 greater를 수식한다.
- these(이것들)는 지시대명사이다.

갈릴리 예수

21

For just <as the Father **raises** the dead and **gives** them life>, even so the Son **gives** life (to whom he **is** pleased to give it).

- **as A, so B**; A처럼 B하다
- **be pleased to**부정사; ~하기를 기뻐하다

- as ~(~처럼)는 종속접속사로 부사절(아버지가 죽은 자들을 일으키고 그들에게 생명을 주는 것처럼)을 인도한다.
- and는 등위접속사로 동사 raises ~와 gives ~를 연결한다.
- the+형용사 'the dead'는 복수보통명사(죽은 사람들)이다.
- whom은 관계대명사로 형용사절을 인도한다.
 *'give life to whom he is pleased to give it'은
  'give life to those (whom) he is pleased to give it'으로 써야 어법에 맞는 문장이다.
- to give ~는 부사적 용법(~을 주어서)의 부정사로 형용사 pleased를 수식한다.

22

Moreover, the Father **judges** no one, but **has entrusted** all judgment to the Son,

- **entrust B to A**; B를 A에게 맡기다

- 접속부사 moreover(또한)
- but은 등위접속사로 두 문장을 연결한다.

23

<that all **may honor** the Son just <as they **honor** the Father>>. He (who **does** not **honor** the Son) **does** not **honor** the Father, (who **sent** him).

- **honor ~**; ~를 공경하다
- **he who ~**; ~하는 사람

- , that - may ~(그래서 ~하다)는 종속접속사로 결과표시
  부사절(그래서 모든 사람들이 아들을(=예수를) 공경할 것이다.)을 인도 한다.
- as ~(~처럼)는 종속접속사로 부사절(그들이 아버지를(=하나님을) 공경하는 것처럼)을 인도한다.
- they는 대명사로 all(모든 사람)을 대신한다.
- who는 관계대명사로 형용사절을 인도한다. 이 형용사절(아들을 공경하지 않는)은 선행사 he(사람)를 수식한다.
- , who는 계속적 용법의 관계대명사로 형용사절(그런데 그가(=아버지가) 그를(=아들을) 보냈다)을 인도한다.

24

"I **tell** you the truth, [whoever **hears** my word and **believes** him (who **sent** me)] **has** eternal life and **will** not **be condemned**; he **has crossed over** from death to life.

- be condemned; 심판을 받다
- cross over from A to B; A에서 B로 건너가다, 옮겨가다

- 4형식동사 tell A B(A에게 B를 말하다)
- whoever(~하는 사람은 누구든지)는 복합관계대명사로 명사절을 인도한다.
  이 명사절(나의 말을 듣고 ~할 이를 믿는 사람은 누구든지)은 동사 has의 주어다.
- 첫 번째 and는 등위접속사로 동사 hears ~와 believes ~를 연결한다.
- who는 관계대명사로 형용사절을 인도한다. 이 형용사절(나를 보낸)은 선행사 him(=the Father; 아버지)을 수식한다.
- 두 번째 and는 등위접속사로 동사 has ~와 will not be condemned를 연결한다.

25

I **tell** you the truth, a time **is coming** and **has** now **come** (when the dead **will hear** the voice of the Son of God and those (who **hear**) **will live**.)

- the dead; 죽은 사람들

- 첫 번째 and는 등위접속사로 동사 is coming(오고 있고)과 has now come(지금 왔다)을 연결한다.
- when은 관계부사로 형용사절을 인도한다.
  이 형용사절(죽은 사람들이 하나님 아들의 음성을 듣고 들은 사람들이 살아날)은 선행사는 a time을 수식한다.
  문장의 균형을 위해 선행사와 형용사절이 분리된 구조다.
- 두 번째 and는 등위접속사로 부사절 안에 있는 두 문장을 연결한다.
- who는 관계대명사로 형용사절을 인도한다. 이 형용사절(들은)은 선행사 those(=the dead; 죽은 사람들)를 수식한다.

26

For <as the Father **has** life in himself>, so he **has granted** the Son to have life in himself.

- as A, so B; A처럼 B하다
- grant A to부정사; A에게 ~을 허락하다

- 등위접속사 for(왜냐하면)
- as (~처럼)는 종속접속사로 부사절(아버지가 자기 안에 생명을 가지고 있는 것처럼)을 인도한다.
- himself는 재귀용법의 재귀대명사로 전치사 in의 목적어다. 첫 번째 himself는 the Father를 두 번째 himself는 the Son이다.
- he는 대명사로 the Father를 대신한다.
- to have ~는 명사적 용법(~을 갖는 것을)의 부정사로 동사 has granted의 목적보어다.

27

And he **has given** him authority to judge <because he **is** the Son of Man>.

- authority; 권한

- 첫 번째 he는 the Father를, him은 the Son을 대신한다. 두 번째 he는 the Son이다.
- 4형식동사 give A B(A에게 B를 주다)
- to judge는 to부정사의 형용사적 용법(심판할)으로 명사 authority를 수식한다.
- because(~ 때문에)는 종속접속사로 부사절(왜냐하면 그가 인자이기 때문이다)을 인도한다.

28

"**Do** not **be** amazed at this, for a time **is coming** (when all (who **are** in their graves) **will hear** his voice

- be amazed at ~; ~에 놀라다
- grave; 무덤

- 등위접속사 for(왜냐하면)
- when은 관계부사로 형용사절을 인도한다. 이 형용사절(~모든 사람들이 그의 음성을 듣고 나올(29절))은 선행사 a time을 수식한다. *문장의 균형을 위해 피수식어(=선행사)와 수식어(=형용사절)가 분리된 문장이다.
- who는 관계대명사로 형용사절을 인도한다. 이 형용사절(무덤 속에 있는)은 선행사 all(모든 사람들)을 수식한다.

29

and **come out**)--those (who **have done** good) **will rise** to live, and those (who **have done** evil) **will rise** to be condemned.

- 첫 번째 and는 등위접속사로 28절 hear ~와 29절 come out을 연결한다.
- who는 관계대명사로 형용사절을 인도한다. 이 형용사절(선을 행한)은 선행사 those(사람들)를 수식한다.
- to live는 부정사의 결과표시 부사적 용법이다.
  결과표시 부사적 용법의 부정사는 동사를 먼저 해석하고 부정사를 나중에 해석한다.
  will rise to live(부활하여 생명을 얻을 것이다)
- 두 번째 and는 등위접속사로 두 문장을 연결한다.
- who는 관계대명사로 형용사절을 인도한다. 이 형용사절(악을 행한)은 선행사 those(사람들)를 수식한다.
- to be condemned는 결과표시 부사적 용법의 부정사로 동사 will rise를 수식한다.
  will rise to be condemned(부활하여 심판을 받게 될 것이다)

30

By myself I **can do** nothing; I **judge** only <as I **hear**>, and my judgment **is** just, for I **seek** not to please myself but him (who **sent** me).

- by oneself; 혼자서
- please ~; ~를 기쁘게 하다
- not A but B; A가 아니라 B이다
- just; 올바른, 공정한
- seek to 부정사; ~하려고 하다, ~하려는 일을 찾다

- myself는 재귀대명사로 전치사 by의 목적어다.
- as ~(~대로)는 종속접속사로 부사절(내가 들은 대로)을 인도한다.
- and는 등위접속사로 두 문장을 연결한다.
- just는 형용사로 동사 is의 보어다.
- 등위접속사 for(왜냐하면)
- to please ~는 명사적 용법(~를 기쁘게 하려는 일)의 부정사로 동사 seek의 목적어다.
- but 뒤에 to please가 생략되었다.
- who는 관계대명사로 형용사절을 인도한다. 이 형용사절(나를 보내신)은 선행사 him을 수식한다.

JESUS
ENGLISH

11주차

예수님은 **하나님의 아들**이십니다.

'사람이 하나님의 아들이라니?'
터무니없게 들릴 수 있는 이 사실을 증명하기 위해
아들을 보내신 아버지께서 증언하십니다.

성경이 증언하는 핵심적인 내용은 예수라고
영생을 얻는 유일한 길이

안식일의 주인이 예수자신이라고

담대하게 선포하십니다.

안식일에 보란 듯이 오른 손 마른 사람을 고쳐주십니다.
이스라엘의 지도자들은 "예수가 하나님을 모독한다"며

'예수를 어떻게 죽일까' 의논하기 시작합니다.

갈릴리 예수

아버지의 증언

요한 5:31-47

31

"<If I **testify** about myself>, my testimony **is** not valid.

- **testimony**; 증언
- **valid**; 확실한, 정당한, 타당한

- if ~(만약 ~하면)는 종속접속사로 부사절(내가 내 자신에 대하여 증언 한다면)을 인도한다.
- 1형식동사로 쓰인 testify about ~(~에 관하여 증언하다) cf. 3형식으로 쓰인 testify that ~(~을 증언하다)
- myself는 재귀대명사로 전치사 about의 목적어다.

32

There **is** another (who **testifies** in my favor), and I **know** [that his testimony about me **is** valid].

- **in one's favor**; ~를 위하여

- 'there is ~(~이 있다)' 도치 구문이다.
- who는 관계대명사로 형용사절을 인도한다.
  이 형용사절(나를 위하여 증언하는)은 선행사 another(다른 한 사람)를 수식한다.
- and는 등위접속사로 두 문장을 연결한다.
- that ~(~ 것)은 종속접속사로 명사절을 인도한다.
  이 명사절(나를 위한 그분의 증언은 정당하다는 것을)은 동사 know의 목적어다.

33

"You **have sent** to John and he **has testified** to the truth.

- **testify to ~**; ~을 증언하다

- and는 등위접속사로 두 문장을 연결한다. he는 대명사로 John(요한)을 대신한다.

34

Not that I **accept** human testimony; but I **mention** it <that you **may be saved**>.

- **mention ~**; ~을 말하다

- Not that ~(=It is not that ~; 그것은 ~이 아니다)
- 부사 but(=only; 다만)
- that may ~(=in order that may~; ~하도록)는 종속접속사로 목적표시 부사절(너희가 구원을 얻도록)을 인도한다.

35

John **was** a lamp (that **burned** and **gave** light), and you **chose** for a time to enjoy his light.

- **for a time**(=for a while); 일시적으로, 당분간, 잠시 동안

- that은 관계대명사로 형용사절을 인도한다. 이 형용사절(타오르며 빛을 낸)은 선행사 a lamp를 수식한다.
- 첫 번째 and는 등위접속사로 동사 burned와 gave ~를 연결한다.
- 두 번째 and는 등위접속사로 두 문장을 연결한다.
- to enjoy ~는 명사적 용법(그의 빛을 즐기려는 일)의 부정사로 동사 chose의 목적어다.

갈릴리 예수

36

"I **have** testimony weightier than that of John. For the very work (that the Father **has given** me to finish), and (which I **am doing**), **testifies** [that the Father **has sent** me].

- weighter(=greater; 더 큰)는 형용사로 명사 testimony를 수식한다.
- that of John에서 that은 명사 testimony(증언)의 반복을 피하기 위해 사용한 대명사이다.
- 등위접속사 for(왜냐하면)
- very(바로 그)는 형용사로 명사 work(일)를 수식한다.
- that은 관계대명사로 형용사절을 인도한다.
  이 형용사절(아버지께서 나에게 완성하라고 주신)은 선행사 the very work를 수식한다.
- and는 등위접속사로 두 형용사절 연결한다. 선행사는 the very work이다. the very work의 동사는 testifies다.
- which는 관계대명사로 형용사절을 인도한다. 이 형용사절(내가 하고 있는)은 선행사 the very work를 수식한다.
- that ~(~ 것)은 종속접속사로 명사절을 인도한다. 이 명사절(아버지가 나를 보내셨다는 것)은
  3형식동사 testifies의 목적어다.

37

And the Father (who **sent** me) **has** himself **testified** concerning me. You **have** never **heard** his voice nor **seen** his form,

- concerning~; ~에 관하여
- nor(=and never); 그리고 ~도 아니다
- have never heard ~; ~을 들어본 적이 없다
- form; 모습, 형상

- who는 관계대명사로 형용사절을 인도한다. 이 형용사절(나를 보내신)은 선행사 the Father를 수식한다.
- himself는 재귀대명사로 주어 the Father를 강조한다.
- concerning ~은 전치사이며 목적어는 me다.
- have never heard ~는 현재완료로 경험(~을 들어 본적이 없다)나타낸다.
  현재완료는 경험 외에도 결과, 계속, 완료를 나타낸다.
- nor(=and never)는 등위접속사로 과거분사 heard ~와 seen ~을 연결한다.

38

nor **does** his word **dwell** in you, for you **do** not **believe** the one (he **sent**).

- nor(=and not) 뒤에 오는 주어와 동사는 도치된다. (=and his word **does not** dwell in you)
- 등위접속사 for(왜냐하면)
- the one(사람=예수) 뒤에 형용사절(그가(=하나님이) 보낸)을 인도하는 목적격 관계대명사 whom이 생략되었다.

39

You diligently **study** the Scriptures <because you **think** [that by them you **possess** eternal life]>. These **are** the Scriptures (that **testify** about me),

- because ~(~ 때문에)는 종속접속사로 부사절을 인도한다.
- that ~(~ 것)은 종속접속사로 명사절을 인도한다.
  이 명사절(그것으로 너희가 영생을 얻는다고)은 동사 think의 목적어.
- them은 대명사로 the Scriptures(성경)를 대신한다.
- that은 관계대명사로 형용사절을 인도한다. 이 형용사절(나를 증언하는)은 선행사 the Scriptures를 수식한다.

40

yet you **refuse** to come to me to have life.

- refuse to부정사; ~하기를 거절하다

- 등위접속사 yet(=but; 그러나)
- to come to ~는 명사적 용법(~에게 오는 것을)의 부정사로 동사 refuse의 목적어.
- to have life는 부사적 용법(영생을 얻기 위해)의 부정사로 to come을 수식한다.

41

"I **do** not **accept** praise from men,

- 3형식동사 accept ~(~을 받다)

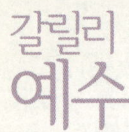

42

but I **know** you. I **know** [that you **do** not **have** the love of God in your hearts].

- that ~(~ 것)은 종속접속사로 명사절을 인도한다.
  이 명사절(너희는 마음속에 하나님에 대한 사랑이 없다고)은 동사 know의 목적어다.

43

I **have come** in my Father's name, and you **do** not **accept** me; but <if someone else **comes** in his own name>, you **will accept** him.

- and는 등위접속사로 두 문장을 연결한다.
  *다른 성경에는 and가 but으로 되어있다.
- if ~(만약 ~라면)는 종속접속사로 부사절(만약 그밖에 누군가가 그 자신의 이름으로 오면)을 인도한다.
  가정법 현재는 '현재나 미래에 대한 단순한 상상, 가정, 소망'을 나타낸다.
- someone else(그밖에 누군가) *someone else에서 'else'는 이미 언급한 사람(여기서는 I=예수)을 제외시키는 효과를 준다.

44

How **can** you **believe** <if you **accept** praise from one another, yet **make** no effort to obtain the praise (that **comes** from the only God)>?

- **make no effort to** 부정사; ~하려고 노력하지 않다
- **praise**; 칭찬, 영광

- if ~(만약 ~하면)는 종속접속사로 부사절을 인도한다.
- 등위접속사 yet(=but; 그러나)
- to obtain ~은 부사적 용법(~을 얻으려고)의 부정사로 동사 make ~를 수식한다.
- that은 관계대명사로 형용사절을 인도한다. 이 형용사절(한 분이신 하나님으로부터 오는)은 선행사 the praise를 수식한다.

45

"But **do** not **think** [I **will accuse** you before the Father].
Your accuser **is** Moses, (on whom your hopes **are set**).

• A be set on B; A를 B에 두다

- think 뒤에 명사절을 인도하는 종속접속사 that(~ 것)이 생략되었다.
 이 명사절(내가 하나님 앞에서 너희를 고발할 거라고)은 동사 do not think의 목적어다.
- before ~(~ 앞에서)는 전치사이며 목적어는 the Father이다.
- whom은 관계대명사로 형용사절(너희가 희망을 둔)을 인도한다. 선행사는 Moses(모세)다.

46

<If you **believed** Moses>, you **would believe** me, for he **wrote** about me.

- if ~(만약 ~라면)는 종속접속사로 부사절을 인도한다. 가정법 과거는 현재사실의 반대를 나타낸다.
 가정법과거는 현재로 해석한다.
 (만약 너희가 모세를 믿으면, 나를 믿을 것이다= 너희가 모세를 믿지 않기 때문에 나를 믿지 않는다)
- 등위접속사 for(왜냐하면)
- 대명사 he는 Moses를, me는 the Son of Man을 대신한다.
- 1형식동사로 쓰인 write

47

But <since you **do** not **believe** [what he **wrote**]>, how **are** you **going** to believe [what I **say**]?"

• be going to부정사; ~하려고 하다

- since ~(~ 때문에)는 종속접속사로 부사절(너희가 ~을 믿지 않기 때문에)을 인도한다.
- 첫 번째 what(~ 것)은 관계대명사로 명사절을 인도한다.
 이 명사절(그가(=모세가) 쓴 것)은 동사 do not believe의 목적어다.
- 두 번째 what(~ 것)은 관계대명사로 명사절을 인도한다. 이 명사절(내가 말하는 것)은 believe의 목적어다.

갈릴리 예수

안식일의 주인

마태 12:1-8(마가 2:23-28, 누가 6:1-5)

01

At that time Jesus **went** through the grainfields on the Sabbath. His disciples **were** hungry and **began** to pick some heads of grain and eat them.

- go through ~; ~를 지나가다
- begin to부정사; ~ 하기 시작하다
- grainfielsd; 곡식 밭(=wheat field; 밀밭)
- head; 이삭

- 첫 번째 and는 등위접속사로 두 동사 were ~, began ~을 연결한다.
- to pick ~은 명사적 용법(~을 꺾기를)의 부정사로 동사 began의 목적어다.
- 두 번째 and는 등위접속사로 부정사 to pick ~과 (to) eat ~를 연결한다.

02

<When the Pharisees **saw** this>, they **said** to him, ["**Look!** Your disciples **are doing** [what **is** unlawful on the Sabbath]."]

- when ~(~ 때)은 종속접속사로 부사절(바리새인들이 이것을 보고)을 인도한다.
- 대명사 him은 Jesus를 대신한다.
- what(~ 것)은 관계대명사로 명사절을 인도한다. 이 명사절(안식일에 불법인 것)은 동사 are doing의 목적어다.
- unlawful(불법의)은 형용사로 is의 보어다.

03

He **answered**, ["**Haven't** you **read** [what David **did** <when he and his companions **were** hungry>]?]

- answered의 목적어는 8절까지다.
- Haven't you read ~?(~읽어 본 적이 없니?)는 현재완료로 경험을 나타내며 강조를 위한 수사의문문이다.
- what은 관계대명사(~ 것) 또는 의문대명사(무엇)로 명사절(다윗이 한 것= 다윗이 무엇을 했는지)을 인도한다.
  이 명사절은 동사 haven't read의 목적어다.
- did는 대동사로 ate를 대신한다. 상세한 내용은 4절에 있다.
- when ~(~ 때)은 종속접속사로 부사절(그와(=다윗과) 그의 친구들이 배가 고팠을 때)을 인도한다.
- and는 등위접속사로 동사 were의 주어 he와 his companions를 연결한다.
- 대명사 he는 David를 대신한다.

마가 2:26

In the days of Abiathar the high priest,

- in the days of ~; ~ 때에
- Abiathar/아비**아싸**ㄹ/; 아비아달
- high priest; 대제사장

04

he **entered** the house of God, and he and his companions **ate** the consecrated bread--(which **was** not lawful for them to do, but only for the priests).

- consecrated/**칸**씨크뤠이티드/; 제단에 바친
- lawful; 합법적인
- not A but B; A가 아니라 B다

- and는 등위접속사로 두 문장을 연결한다.
- which는 관계대명사로 형용사절을 인도한다. 선행사는 앞 문장 전체이다.
- to do는 부사적 용법(하기에)의 부정사로 형용사 lawful을 수식한다.
- to do 앞에 'for them'을 부정사의 '의미상 주어'라고 한다. 주어처럼 '그들이'라고 해석한다.
- but은 등위접속사로 뒤에 was lawful이 생략되었고 only for the priests 뒤에 to do가 생략되었다.

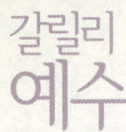

05

Or **haven't** you **read** in the Law [that on the Sabbath the priests in the temple **desecrate** the day and yet **are** innocent]?

- desecrate /데씨크뤠잍/~; ~을 모독하다, ~을 범하다
- priest ;제사장
- and yet; 그런데도, 그럼에도

- that ~(~ 것)은 종속접속사로 명사절을 인도한다.
  이 명사절(안식일에 성전에 있는 제사장들이 그날을(=안식일을) 범하였지만 죄가 없다는 것)은 동사 haven't read의 목적어다.
- and yet은 등위접속사로 동사 desecrate ~와 are ~를 연결한다. 주어는 the priests다.

06

I **tell** you [that one greater than the temple **is** here].

- 4형식동사 tell A that절 ~(A에게 ~을 말하다)
- one과 greater 사이에 'who is'가 생략되었다. <one who is greater than the temple(성전보다 더 큰 사람) is here

07

<If you **had known** [what these words **mean**, 'I **desire** mercy, not sacrifice,']> you **would** not **have condemned** the innocent.

- condemn ~; ~를 비난하다
- the innocent; 죄 없는 사람들

- if ~(만약 ~라면)는 종속접속사로 부사절을 인도한다.
  가정법과거완료는 'If 주어 had pp ~, 주어 would/ should/ could/ might have pp ~'로 과거사실의 반대를 나타낸다.
  (만약 너희가 ~을 알았었더라면 ~들을 비난하지 않았을 것이다.=너희가 ~을 몰라서 ~들을 비난했다)
- 'I desire mercy, not sacrifice(나는 제사가 아니라 자비를 원한다.)는 앞에 these words를 말한다.
- 'the+형용사' the innocent는 복수보통명사다.

마가 2:27

'The Sabbath **was made** for man, not man for the Sabbath'.

- man은 관사 없이 '인간, 사람'을 뜻한다. cf. a man; 한 남자, the man; 그 남자
- , not man for the Sabbath.= ; man was not made for the Sabbath.(사람이 안식일을 위해 만들어진 것이 아니다)

For the Son of Man **is** Lord of the Sabbath."]

- Lord of the Sabbath; 안식일의 주인

- 등위접속사 for(왜냐하면)

갈릴리
예수

안식일에 손 마른 자를 고치다

누가 6:6-11 (마태 12:9-14, 마가 3:1-6)

06

On another Sabbath he **went** into the synagogue and **was teaching**, and a man **was** there (whose right hand **was shriveled**).

- another; 다른
- shrivel/쉬뤼벌/ ~; ~을 오그라들게 하다

- 첫 번째 and는 등위접속사로 동사 went into ~와 was teaching을 연결한다.
- 두 번째 and는 등위접속사로 두 문장을 연결한다.
- whose는 관계대명사로 형용사절을 인도한다. 이 형용사절(그의 오른 손이 오그라든)은 a man을 수식한다.
  관계대명사 소유격 뒤에는 명사가 온다. 피수식어인 선행사와 수식어인 형용사절이 균형을 위해 분리된 문장이다.

07

The Pharisees and the teachers of the law **were looking for** a reason to accuse Jesus, so they **watched** him closely to see [if he **would heal** on the Sabbath].

- reason; 구실, 이유

- and는 등위접속사로 were looking for ~의 주어인 두 개의 명사 The Pharisees(바리새인들)와 the teachers of the law(율법학자들, 서기관들)를 연결한다.
- to accuse ~는 to부정사의 형용사적 용법(~를 고발할)으로 명사 a reason을 수식한다.
- closely(유심히)는 부사로 동사 watched를 수식한다.
- to see ~는 to부정사의 부사적 용법(~을 보기 위해)으로 동사 watched를 수식한다.
- if ~(~인지 아닌지)는 종속접속사로 명사절을 인도한다.
  이 명사절(그가 안식일에 병을 고치는지를)은 to see의 목적어다.

08

But Jesus **knew** [what they **were thinking**] and **said** to the man with the shriveled hand, ["**Get up** and **stand** in front of everyone."] So he **got up** and **stood** there.

- what은 관계대명사(~ 것) 또는 의문대명사(무엇을)로 명사절을 인도한다.
 이 명사절(그들이 생각하고 있는 것을= 그들이 무엇을 생각하고 있는지를)은 동사 knew의 목적어다.
- 첫 번째 and는 등위접속사로 동사 knew ~와 said ~를 연결한다.
- 3형식동사 say to A B(A에게 B라고 말하다)
- 두 번째 and는 등위접속사로 동사 get up과 stand ~를 연결한다.
- 세 번째 and는 등위접속사로 동사 got up과 stood~를 연결한다.

09

Then Jesus **said** to them, ~

- 3형식동사 say to A B(A에게 B라고 말하다) ,said의 목적어는 다음 페이지 나머지 9절이다.

마태 12:11

"<If any of you **has** a sheep and it **falls** into a pit on the Sabbath>, **will** you not **take hold of** it and **lift** it **out**?

- fall into a pit; 구덩이에 빠지다
- lift ~ out; ~을 들어서 꺼내다
- take hold of ~; ~을 붙잡다

- if ~(만약 ~라면)는 종속접속사로 부사절을 인도한다. 가정법 현재이다.
- any(누군가)는 부정대명사로 단수이며 부정문, 의문문(아무도), 조건문(누군가, 누구든)에 쓴다.
- and는 등위접속사로 두 동사 take hold of ~와 lift ~out을 연결한다.

마태 12:12

How much more valuable **is** a man than a sheep! Therefore~

- much(훨씬)는 비교급 강조부사로 more valuable을 수식한다.
- 도치, How much more valuable(보어) **is**(동사) a man(주어) than a sheep!
 *12절은 'A man **is** worth much more than a sheep!'(사람이 양보다 훨씬 더 귀중하다.)라는 의미이다.

갈릴리
예수

09

~ ["**I ask** you, [which **is** lawful on the Sabbath: to do good or to do evil, to save life or to destroy it?]"]

• lawful; 옳은, 타당한

- which(어느 것)는 의문대명사로 의문문(안식일에 어느 것이 옳으냐)을 인도한다. lawful은 형용사로 is의 보어다.
- which는 의문대명사로 to do good(선을 행하는 것) or to do evil(악을 행하는 것) to save life(생명을 구하는 것) or to destroy it(생명을 죽이는 것)을 대신한다.
- or는 등위접속사로 부정사를 연결한다.

10

He **looked around at** them all, and then **said** to the man, ["**Stretch out** your hand."] He **did** so, and his hand **was** completely **restored.**

• look around at ~; ~을 둘러보다   • stretch out ~; ~을 뻗다, 내밀다   • be restored; 회복되다

- 첫 번째 and는 등위접속사로 동사 looked around at ~과 said ~를 연결한다.
- did so(그렇게 했다)는 stretched out his hand를 대신한다.
- 두 번째 and는 등위접속사로 두 문장을 연결한다.

11

But they **were** furious and **began** to discuss with one another [what they **might do** to Jesus].

• furious; 몹시 화난

- and는 등위접속사로 동사 were ~와 began ~을 연결한다.
- to discuss ~는 명사적 용법(~을 논의하기를)의 부정사로 동사 began의 목적어다.
- 3형식동사 discuss with A B(A와 B를 논의하다)
- what(무엇)은 의문대명사로 동사 might do의 목적어이며 간접의문문
  (그들이 예수를 어떻게 할지를=그들이 예수에게 무엇을 할지)을 인도한다.
  이 명사절은 to discuss의 목적어다.

마가 3:6

Then the Pharisees **went out** and **began** to plot with the Herodians [how they **might kill** Jesus].

• plot with A B ~; A와 B를 획책하다, 모의하다, 의논하다

- and는 등위접속사로 동사 went out과 began ~을 연결한다.
- how는 의문부사(어떻게)로 간접의문문(그들이 예수를 어떻게 죽일지를)
  또는 선행사가 생략된 관계부사(그들이 예수를 죽일 방법을)로 명사절을 인도한다.
  이 명사절은 부정사 to plot의 목적어다.

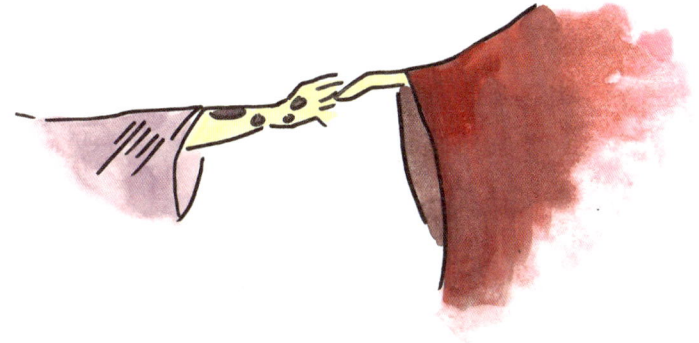

많은 무리를 치유하다

마태 12:15-21

15

Aware of this, Jesus **withdrew** from that place. Many **followed** him, and he **healed** all their sick,

- withdraw from ~(=go away from ~); ~에서 떠나다
- sick; 질병

- aware of this(이것을 알고)는 being이 생략된 분사 구문이다.
- that은 지시형용사로 place를 수식한다.
- and는 등위접속사로 두 문장을 연결한다.

16

warning them not to tell [who he **was**].

- warn A to부정사 ~; A에게 ~을 경고하다.

- warning ~(그리고 그는 ~을 경고했다)은 부대상황을 나타내는 분사 구문이다.
- not to tell ~은 명사적 용법(~을 말하지 말라고)의 부정사로 분사 warning의 목적보어다.
  'not to부정사'는 부정사의 부정이다.
- who(누구)는 의문대명사로 was의 보어이며 간접의문문을 인도한다.
  이 명사절(그가 누구인지를)은 not to tell의 목적어다.

17

This **was** to fulfill [what **was spoken** through the prophet Isaiah]:

- Isaiah/아이제이어/; 이사야

- to fulfill ~은 부정사의 형용사적 용법(~을 이루려는)으로 동사 was의 보어다. 이것을 be to용법이라고 한다.
- what(~ 것)은 관계대명사로 명사절을 인도한다. 이 명사절(예언자 이사야를 통해서 말한 것)은 to fulfill의 목적어다.

18

["Here **is** my servant (whom I **have chosen**), the one (I **love**), (in whom I **delight**); I **will put** my Spirit on him, and he **will proclaim** justice to the nations.

- servant; 종
- nation; 사람

- whom은 관계대명사로 형용사절을 인도한다. 이 형용사절(내가 선택한)은 선행사 my servant를 수식한다.
- my servant와 the one은 동격이다.
- the one 뒤에 형용사절(내가 사랑하는)을 인도하는 관계대명사 목적격 whom이 생략되었다.
- , in whom에서 whom은 관계대명사로 형용사절(내가 기뻐하는)을 인도하고 전치사 in의 목적어이다. 선행사는 the one이다.
- and는 등위접속사로 두 문장 I will put ~와 he will proclaim ~을 연결한다.

19

He **will** not **quarrel** or **cry out**; no one **will hear** his voice in the streets.

- or는 등위접속사로 동사 quarrel(다투다)과 cry out(외치다)을 연결한다.

20

A bruised reed he **will** not **break,** and a smoldering wick he **will** not **snuff out**, <till he **leads** justice to victory>.

- bruised reed; 상한 갈대
- snuff out ~; ~을 끄다
- smoldering wick; 연기 나는(=꺼져 가는) 심지
- lead A to B; A를 B에 이르게 하다

- 도치, A bruised reed(목적어) he(주어) **will** not **break**(동사),
- 도치, a smoldering wick(목적어) he(주어) **will** not **snuff out**(동사)
- till ~(~까지)은 종속접속사로 부사절(그가 정의를 승리에 이르게 할 때까지)을 인도한다.

21

In his name the nations **will put** their hope."]

- put their hope in his name; 그들의 희망을 그의 이름에 걸다

갈릴리 예수

열 두 제자를 임명하다

마가 3:13-19(마태 10:1-4, 누가 6:12-16)

누가 6:12

One of those days Jesus **went out** to a mountainside to pray, and **spent** the night praying to God.

- spend 시간 ~ing; ~하면서 시간을 보내다
- one of 복수명사; ~중에 하나
- mountainside; 산허리, 산중턱

- to pray는 부사적 용법(기도하러)의 부정사로 동사 went out을 수식한다.
- and는 등위접속사로 동사 went out ~과 spent ~를 연결한다.

누가 6:13

<When morning **came**>, ~

- when ~(~ 때)은 종속접속사로 부사절(아침이 되었을 때)을 인도한다.

13

he **called** to him those (he **wanted**), and they **came** to him.

- 'he called to him ~'에서 주어(he)와 전치사의 목적어(him)가 동일인일 때, 목적어 자리에 인칭대명사와 재귀대명사 둘 다 사용이 가능하다.
- those 뒤에 형용사절을 인도하는 목적격 관계대명사 whom이 생략되었다. 이 형용사절(그가 원했던)은 선행사 those(사람들)를 수식한다.
- and는 등위접속사로 두 문장을 연결한다.

14

He **appointed** twelve--designating them apostles--<that they **might be** with him and that he **might send** them **out** to preach

- **designate**/데지그네잍/ A B; A를 B라 칭하다
- **apostle**; 사도

- designating <and he designated them apostles~(그리고 그는 그들을 ~라 칭했다)은 분사 구문이다.
- apostles는 5형식동사 designate의 목적보어다.
- that might ~는 종속접속사로 부사절(~ 하게 하려고)을 인도한다.
- and는 부사절인 that they ~와 that he ~를 연결한다.
- to preach는 부사적 용법(말씀을 전파하게)의 부정사로 동사 might send를 수식한다.

15

and to have authority to drive out demons.

- **authority**; 권능
- **demon**; 귀신

- and는 등위접속사로 병렬구조를 이루어야 하므로 'and to have ~'를 'and that they might have~'라고 해야 어법에 맞다.
- to drive out ~는 형용사적 용법(~을 쫓아낼)의 부정사로 명사 authority를 수식한다

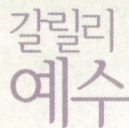

16

These **are** the twelve (he **appointed**): Simon (to whom he **gave** the name Peter);

- the twelve 뒤에 형용사절(그가 임명한)을 인도하는 관계대명사 목적격 whom이 생략되었다. 선행사는 the twelve이다.
- to whom에서 whom은 관계대명사로 형용사절을 인도한다.
  이 형용사절(그가(=예수께서) 베드로라는 이름을 준)은 선행사 Simon을 수식한다.
- 3형식으로 쓰인 give B to A(B를 A에게 주다)

17

James son of Zebedee and his brother John (to them (he **gave** the name Boanerges, (which **means** Sons of Thunder));

- Boanerges/보우어너ㄹ지즈; 보아너게

- and는 등위접속사로 James와 John을 연결한다.
- them과 he 사이에 목적격 관계대명사 whom이 생략되었다.
- , which는 관계대명사의 계속적 용법으로 형용사절(그런데 그것은(=보아너게는) 천둥의 아들을 의미한다)을 인도한다. 선행사는 Boanerges다.

18

Andrew, Philip, Bartholomew, Matthew, Thomas, James son of Alphaeus, Thaddaeus, Simon the Zealot

- Andrew/앤드루~/; 안드레
- Philip/필맆/; 빌립
- Bartholomew/버ㄹ쌀러미유/; 바돌로매
- Matthew/매쓔~/; 마태
- Thomas/타머스/; 도마
- James/제임즈/ son of Alphaeus/앨피어스/; 알패오의 아들 야고보
- Thaddaeus/쌔디어스/; 다대오
- Simon/싸이먼/ the Zealot/젤럿/; 젤로테 파(=열심당) 시몬

19

and Judas Iscariot, (who **betrayed** him).

• **Judas Iscariot**/**주**~더스 이스캐뤼엍/; 이스가리옷 유다, 가롯 유다

- , who는 관계대명사의 계속적 용법으로 형용사절(그런데 그가 그를(=예수를) 팔았다)을 인도한다. 선행사는 Judas Iscariot이다.
- him은 대명사로 Jesus를 대신한다.

Jesus English 1권에 나오는 동사

A

accomplish; 수행하다, 이루다
accuse ~; ~를 고소하다
add ~; ~을 더하다
allow; ~을 허락하다
anoint ~; ~를 선정하다, 기름을 바르다
answer; 대답하다
appear; 나타나다
ascend; 올라가다 ↔ descend; 내려오다
ask for ~; ~을 요구하다
associate with ~; ~와 교제하다
attend ~; ~를 시중들다, 돌보다
away from ~(=go away from ~); ~에서 떠나다

B

become ~; ~이 되다
beg; ~을 간청하다
begin; 시작하다
believe; 믿다, 신앙하다
blaspheme/블래스**피**~임/; 신성을 모독하다
bow; 절하다, 고개를 숙이다, 굴복하다
bring; 가져오다
burst ~; ~을 터뜨리다

C

call; 부르다
carry ~; ~을 짊어지다, 나르다
certify ~; ~을 증명하다
cleanse/클렌즈/ ~; ~을 깨끗이 하다, (상처를) 세척하다
come; 오다
conceive ~; ~를 임신하다, 마음에 품다
consecrate ~; ~를 바치다
consent; 동의하다
cry out; 외치다
cure ~; ~를 치료하다

D

decide; 결정하다, 결심하다
declare; 단언하다, 선언하다
depart; 떠나다
descend; 내려오다 ↔ ascend; 올라가다
desecrate ~/데씨크뤠잍/; ~을 모독하다, ~을 범하다
deter ~; ~을 막다, 단념시키다
develop; 벌어지다, 일어나다, 발달하다
dismiss : 떠나보내다, 해임하다
draw; (두레박으로) ~을 뜨다
dwell; 살다, 거주하다

E

effort; 노력하다
enable; ~을 가능하게 하다
entrust; 맡기다
escape; 피신하다
exhort/이그**조**~르트/ ~; ~을 훈계하다
expect; 예정이다, 예상하다
explain; 설명하다
expose; 드러내다
extend; 넓어지다, ~까지 미치다, ~까지 퍼지다
extort; 강탈하다, 갈취하다

F

fall; 엎드리다, 떨어지다,
fast; 단식하다, 금식하다
fasten; 고정하다
fill; 채우다
find; ~을 알아내다, 발견하다
flee; 달아나다
forbid; 금하다, 금지하다
fulfill ~; ~을 성취하다

Jesus English 1권에 나오는 동사

G

give: ~을 주다
glorify ~; ~를 찬미하다
grow; 자라다
hold ~; ~을 담다

H

hurry; 서두르다, 재촉하다

I

inquire; 물어보다
investigate ~; ~을 조사하다
involve; 참여하다, 몰두하다
issue ~; ~을 공포하다

L

leave: 떠나다, 남겨두다
loose ~; ~을 풀다, ~을 자유롭게 하다

M

make; 만들다
marry; 결혼하다
mean; 의미하다
mention ~; ~을 말하다

O

outwit ~; ~를 속이다
overshadow ~; ~을 뒤덮다

P

pass by; 지나가다
perish; 멸망하다
persecute ~; ~를 박해하다
pierce/피어르스/ ~; ~을 찌르다
place ~; ~을 두다
please ~; ~를 기쁘게 하다
ponder ~; ~을 곰곰이 생각하다
pour; 붓다, 주입하다
praise ; 찬송하다
pray; 기도하다, 기원하다
preach ~; ~을 전하다, 설교하다, 선포하다
quarrel; 다투다
quote ~; ~을 인용하다

R

rebuke ~; ~를 꾸짖다
receive ~; ~을 받아들이다. 맞이하다, 영접하다
recognize ~; ~을 알아보다, 인정하다
redeem ~; ~을 도로 찾다, ~을 회복하다
refuse; ~을 거절하다
reject ~; ~을 거부하다, 받아들이지 않다
rejoice; 기뻐하다
repent; 회개하다
reply ~; ~라고 대답하다
require; 요구하다
restore; 회복시키다
return ~; 돌아가다, ~을 반납하다, 돌려주다,
reveal ~; ~을 드러내다, ~을 알리다, ~을 폭로하다

Jesus English 1권에 나오는 동사

S

say; ~을 말하다
scatter ~; ~을 흩어버리다, ~을 쫓아버리다
search for ~; ~을 찾다
seem ~; ~인 것 같다
send ; 보내다
serve ~; ~를 예배하다, ~를 섬기다
share ~: ~을 나누다
shine; 비추다
shrivel/쉬뤼벌/ ~; ~을 오그라들게 하다
signal; ~에게 신호를 보내다
sink; 가라앉다
speak ~; ~을 말하다
speak; 말하다
spread ~; ~을 퍼뜨리다, 전하다, 퍼지다
stand ~; ~ 상태이다, 일어서다
stay; 머무르다. 기다리다

T

tear/테어르/ ~; ~을 떼어내다, ~을 찢다
testify; ~을 증언하다
think; 생각하다
throw; 던지다
travel; 여행하다

U

undertake: ~을 시작하다
unroll ~; ~을 펼치다, 펴다

W

withdraw; ~로 철수하다, ~로 들어가다
wonder ~; ~을 궁금해 하다
worship ~; ~를 경배하다, ~를 예배하다
wrap ~; ~을 감싸다

Jesus English 1권에 나오는 숙어

A

as A, so B; A처럼 B하다
assure A that절; A에게 ~라고 분명히 하다

B

be afraid of ~; ~을 두려워하다
be afraid to부정사; ~ 하기를 두려워하다
be amazed at ~; ~에 놀라다
be astonished at ~; ~에 놀라다
be born of ~; ~에서 태어나다
be brought up; 자라다
be condemned; 심판을 받다
be content with ~; ~에 만족하다
be destined to부정사; ~할 사람이다, ~할 운명이다
be fastened on ~; ~에 고정되다
be filled with ~; ~로 가득 차다
be full of ~; ~가 넘치다
be going to부정사; ~할 예정이다
be gracious to ~; ~에게 자비를 베풀다
be gripped with ~; ~에 사로잡히다
be handed down to ~; ~에게 전해내려 오다
be in one's company; ~의 일행 중에 있다
be married to ~; ~와 결혼하다
be merciful to ~; ~ 에게 인정을(자비를) 베풀다
be obedient to ~; ~에 순종하다
be on duty; 집무 중이다, 차례이다
be over; 끝나다
be pleased to부정사; ~하기를 기뻐하다

Jesus English 1권에 나오는 숙어

be pledged to부정사; ~하기로 약속하다
be spoken against; 비방을 받다, 비난을 받다
be sure of ~; ~을 확신하다
be turned into ~; ~로 바뀌다
be unaware of ~; ~을 모르다
be well along in years; 상당히 나이가 들다
be with child; 아이를 가지다
belong to ~; ~에 속하다
bow down; 절하다
bring A to B; A를 B에게 데려가다
bring back A to B; A를 B에게 돌아오게 하다
bring down A from B; A를 B에서 끌어내리다
bring in ~; ~를 데려오다
bring out~; ~을 내오다

C

call A aside; A를 옆에 부르다
cannot tell ~; ~을 알 수 없다
cast A into B; A를 B에 던지다
come about; 일어나다, 생기다
come down from ~; ~에서 내려오다
come together; 동거하다
come to부정사; ~하러 오다
come true; 실현되다, 사실이 되다
come upon ~; ~에게 임하다, ~를 우연히 만나다.
cross over from A to B; A에서 B로 건너가다, 옮겨가다

D

decide to부정사; ~ 하기로 결정하다
designate/**데**지그네읱/ A B; A를 B라 칭하다
draw up an account of ~; ~ 이야기를 엮다
drive A out of ~; A를 마을 ~로 몰아내다
drive out ~; ~을 쫓아내다

E

enable A to부정사; A가 ~ 하는 것을 가능하게 하다
entrust B to A; B를 A에게 맡기다
expect a child; 아이를 낳을 예정이다

explain ~ to A; ~을 A에게 설명하다
expose B to A; B를 A에게 드러내다
extend to ~; ~까지 미치다, ~까지 퍼지다
extort money; 돈을 갈취하다

F

fill A to B; A를 B까지 채우다
fill A with B; A를 B로 채우다
find favor with ~; ~의 지지를 얻다
flee from ~; ~에서 달아나다
forbid A to부정사; A가 ~하는 것을 금하다

G

get better; 좋아지다
get in; 들어가다
give A the knowledge of B ; A에게 B를 알게 하다
give birth to ~; ~ 을 낳다
give thanks to ~; ~에게 감사하다
go back to ~; ~로 돌아가다
go on ~ing; 계속 ~하다
go on before ~; ~ 앞서 나아가다
go on one's way; 떠나가다
go through ~; ~를 지나가다
go up to ~; ~로 올라가다
grant A to부정사; A에게 ~을 허락하다

H

hand A B(=hand B to A); A에게 B를 건네주다
have ~in mind(=keep ~ in mind); ~을 생각하다
have a child; 아이를 갖다
have no union with ~; ~와 잠자리를 하지 않다
hurry off; 서둘러 떠나다

K

keep ~ing; 계속 ~하다
keep watch over ~; ~을 감시하다, ~을 지키다

Jesus English 1권에 나오는 숙어

L

lead A into B; A를 B로 이끌다
lead A to B; A를 B에 이르게 하다
learn of ~; ~을 알다
leave for ~; ~로 떠나다
let down ~; ~을 내리다
lift up ~; ~을 들어 올리다
live on ~; ~을 먹고 살다
lock A up; A를 가두다
look around at ~; ~을 둘러보다
look for ~: ~을 찾다
look forward to ~; ~을 학수고대하다

M

make one's dwelling; 살다
marvel at ~; ~에 놀라다

N

name A after B ; A를 B를 따서 이름 짓다
never(not) A but B; A하지 않고 B하다
no longer; 더 이상 ~않다(=not ~ any longer)
not A but B; A하지 않고 B하다

P

plot with A B ~; A와 B를 획책하다, 모의하다, 의논하다
point out ~; ~을 지적하다
pour A into B; A를 B에 붓다
present B to A; B를 A에게 선물하다, 드리다
present A with B; A에게 B를 선사하다
pull ~ up; ~을 대다, 세우다
put A to the test; A를 시험하다
put one's faith in ~; ~를 믿다
put out into ~; ~로 나아가다

R

raise up ~; ~을 치켜들다
reach out one's hand; 손을 내밀다
reign in ~; ~를 통치하다
reign over ~; ~을 통치하다, 다스리다
remain on ~; ~ 위에 머무르다
report to A; A에게 보고하다
rescue A from B; A를 B에서 구하다
rest on ~; ~위에 머무르다
return to ~; ~로 돌아오다
reveal B to A; B를 A에게 계시하다
roll up ~; ~을 둥글게 말다

S

save A from B; A를 B에서 구원하다
say of ~; ~에 대해 말하다
say of A; A에 대해 말하다
seek to 부정사; ~하려고 하다
send A away; A를 멀리 보내다
send A to B; A를 B로 보내다
serve as ~; ~ 역할을 하다, ~로 섬기다
share with ~; ~와 나누다, ~와 공유하다
show mercy to ~; ~를 불쌍히 여기다
slip away into ~; 슬그머니 ~속으로 떠나다
snuff out ~; ~을 끄다
so that ~ might ; 그래서 ~하려는 것이다
speak of ~; ~을 말하다
speak to A of ~; A에게 ~을 말하다
speak well of ~; ~를 칭찬하다
spend 시간 ~ing; ~하면서 시간을 보내다
stay behind; 뒤에 남다
stay with ~; ~와 머물다
stop ~ing; ~ 하는 것을 멈추다
stop to부정사; ~ 하기 위해 멈추다
stretch out ~; ~을 뻗다, 내밀다
strike A against B; A가 B에 부딪히다
surpass ~; ~을 넘어서다 ~을 능가하다

Jesus English 1권에 나오는 숙어

so that ~ might ; 그래서 ~하려는 것이다
speak of ~; ~을 말하다
speak to A of ~; A에게 ~을 말하다
speak well of ~; ~를 칭찬하다
spend 시간 ~ing; ~하면서 시간을 보내다
stay behind; 뒤에 남다
stay with ~; ~와 머물다
stop ~ing; ~ 하는 것을 멈추다
stop to부정사; ~ 하기 위해 멈추다
stretch out ~; ~을 뻗다, 내밀다
strike A against B; A가 B에 부딪히다
surpass ~; ~을 넘어서다 ~을 능가하다

T

take ~ in his arms; ~를 그의 팔에 안다
take A to B; A를 B로 데려가다
take A to B; A를 B로 데려가다
take away ~; ~을 제거하다
take one's life; 목숨을 빼앗다
take place; 시행하다, 일어나다
take place; 열리다, 일어나다
take up ~; ~을 떠맡다

talk about ~; ~에 관하여 말하다
talk with ~; ~와 말하다
tell A that절; A에게 ~을 말하다
think to oneself ~; 혼자 ~라 생각하다, 속으로 ~을 생각하다
throw A down ; A를 ~아래로 던지다
throw A into B; A를 B에 던져 넣다
too ~ to - ; 너무 ~ 해서 - 할 수 없다
travel on for a day; 하루 동안 계속 이동하다
treasure ~ in one's heart; ~을 마음속에 간직하다
treasure up ~; ~을 소중히 간직하다
turn A to B; A를 B로 돌아오게 하다

U

urge A to부정사; A에게 ~하라고 강요하다

W

wait for ~; ~를 기다리다
warn A to부정사 ~; A에게 ~을 경고하다.
withdraw from ~(=go away from ~); ~에서 떠나다
withdraw to ~; ~로 철수하다, ~로 들어가다
wonder about ~; ~을 의아하게 생각하다

성경 용어

A
a horn of salvation; 구원의 뿔
Aramaic/애뤄메이잌/; 아람어

C
chief priest; 대제사장
Christ/크롸이스트/; 그리스도
circumcise/써~ㄹ컴싸이즈/ ~; ~에게 할례를 행하다
commandment; 계명
covenant/커버넌트/; 약속

D
demon; 귀신
disciple/디싸이플/; 제자

F
fig tree; 무화과나무

G
Gentile/젠타일/; 이교도, 이방인
good news; 복음

H
Herod king of Judea; 유대의 왕 헤롯
high priest; 대제사장
Holy Spirit; 성령

I
Immanuel/이매뉴얼/; 임마누엘, 예수 그리스도
incense; 향
invalid/인벌리드/; 환자
Israelite/이즈뤼얼라잍/; 이스라엘 사람

J
Jews/주~/; 유대인
Judean주~디~언/ countryside; 유대 지방

L
Lamb/(을)램/; 어린 양
leprosy/(을)랩프뤄시/; 나병
Levi/(을)리~바이/; 레위

M
Magi/메이자이/; 동방 박사들
Magus/메이거스/; 동방 박사
manger/메인저ㄹ/; 여물통, 구유
Messiah/미싸이어/; 메시아, 구세주
myrrh/머~ㄹ/; 몰약

N
Nazarene/내저뤼~인/; 나사렛 사람
paralytic/패뤌리틱/; 중풍환자
prayer/프뤠어ㄹ/; 기도
priest ;제사장
priesthood; 성직
priestly division; 제사장의 조
prophetess/프롸피티스/; 여자 예언자 cf. prophet; 예언자

R
rabbi/뢔바이/; 랍비, 선생님
repentance; 회개
revelation/뤠벌레이션/; 계시

S
Sabbath/쌔버스/; 안식일
sacrifice; 제물
Satan/쎄이튼/; 사탄, 악마
Son of Man; 인자, 사람의 아들
synagogue/씨너각/; 유대교의 예배당

T
tax collector; 세리
teacher of the Law; 율법 학자, 서기관
temple court; 성전

tempter/템터ㄹ/; 악마, 사탄
testimony/테스터모우니/; 증언
tetrach/티~트라~악/; 로마 제국의 4분의 1을 다스리는 영주
the Feast of the Passover; 유월절 축제
the Mighty One(=the Mighty God); 전능하신 하나님
the One and Only; 독생자

W

wineskin/와인스낀/; 포도주용 가죽 부대

Z

Zealot/젤럳/; 젤로테 파(=열심당) 시몬

성경 지명

B

Babylon/배버런/; 바빌론
Bethesda/버쎄즈더/; 베데스다
Bethlehem/베슬리헴/; 베들레헴
Bethsaida/베쓰세이어더/; 벳새다

C

Cana/케이너/; 가나
Capernaum/커퍼ㄹ니엄/; 가버나움, 팔레스타인의 수도

E

Egypt/이~짚트/; 이집트

G

Galilee/갤럴리~/; 갈릴리
Gennesaret/거네서뤨/; 게네사렛 호수

H

Hezron/헤즈뤈/; 헤스론

I

Israel/이즈뤼얼/; 이스라엘

J

Jerusalem/저루~설럼/ 예루살렘
Jordan/조~ㄹ던/; 요르단 강
Judah/주~더/; 유다
Judea/주~디~어/; 유대

N

Naphtali/냎털라이/; 납달리
Nazareth/내저뤄스/; 나사렛

S

Samaria/써메어리어/; 사마리아
Sidon/싸이든/; 시돈
Sychar/시커ㄹ/; 수가
Syria/씨뤼어/; 시리아

T

Tiberius/타이비어뤼어스/; 티베리우스, 디베료

Z

Zarephath/재뤄패스/; 사렙다
Zebulun/제뷸런/; 스불론

성경 인명

A

Abiathar/아비**아**싸ㄹ/; 아비아달
Abijah/아**비**쟈/; 아비야
Abilene/애벌리~인/; 애빌린, 아빌레네
Abiud/아**비**욷/; 아비훗
Abraham/**에**이브뤄헴/; 아브라함
Aenon/**애**논/; 애논
Ahaz/**아**하즈/; 아하스
Akim/아**낌**/;아킴
Alphaeus/앨**피**~어스/; 알페이오스, 알페오
Amminadab/아**미**나답/; 아미나답
Amon/**아**~먼/; 아모스
Andrew/**앤**두루~/; 안드레
Anna/**아**~너/; 안나
Annas/**애**내스/;안나스
Archelaus/애컬**로**우어스/; 아켈로오스, 아켈라오
Asa/**에**이저/; 아사
Asher/**애**셔ㄹ/; 아셀
Azor/**애**조ㄹ/; 아소르

B

Bartholomew/버ㄹ**쌀**러미유/; 바돌로매
Boanerges/보우어**너**ㄹ지즈/; 보아너게

C

boaz/**보**우애즈/; 보아스
Caesar Augustus/씨~저 **오**거스터스/;
   황제 아우구스토, 가이사 아구스도
Caiaphas/**카**이어퍼스/; 가야바
Cephas/**쎄**퍼스/; 게바

D

David/**데**이빋/; 다윗

E

Eleazar/에리**에**이저/; 엘르아살
Eliakim/얼**라**이어킴/; 엘리야김
Elijah/일**라**이저/; 엘리야
Elisha/일**라**이셔/; 엘리사
Eliud/엘**아**이어드/; 엘리웃
Elizabeth/일**리**저버스/; 엘리사벳

G

Gabriel/**게**이브뤼얼/; 가브리엘

H

Herod/**헤**뤄드/; 헤롯
Herodias/허**로**우디어스/; 헤로디아
Hezekiah/헤저**카**이어/; 히스기야
Hezron/**헤**즈뤈; 헤스론

I

Isaac/**아**이적/; 이삭
Isaiah/아이**제**이어/; 이사야

J

Jacob/**제**이컵/; 야곱
James/**제**임즈/; 야고보
Jeconiah/제코**나**이어/; 여고냐
Jehoram/제**호**럼/; 요람
Jehoshaphat/지**하**써펱/; 여호사밧
Jeremiah/제뤄**마**이어/; 예레미야
Jesse/**제**시/; 이새
John/**잔**/; 요한
Joseph/**조**우저프/; 요셉
Josiah/조우**싸**이어/; 요시야
Jotham/**졷**햄/; 요담
Judas Iscariot/주~더스 이**스**캐뤼옽/;
   이스가리옽 유다, 가롯 유다

M

Manasseh/머**내**써/; 므낫세
Matthan/**매**탄/; 맛단
Matthew/**매**쓔~/; 마태
Moses/**모**우지즈/; 모세
Nahshon/**나**숀/; 나손
Nathanael/너**쌔**니얼/; 나다나엘

N

Nicodemus/니코우**디**~머스/; 니고데모

O

Obed/**오**브드/; 오벳

P

Perez/**페**이뤠스/; 베레스
Peter/**피**~터ㄹ/; 베드로
Phanuel/**패**뉴얼/; 바누엘
Philip/**필**맆/; 빌립
Pontius Pilate/폰티어스 **파**이렅/; 본디오 빌라도

Q

Quirinius/퀴**뤼**니어스/; 구레뇨

R

Rahab/**롸**햅/; 라합
Ram/**램**/; 람
Ramah/**롸**마/; 라마
Rehoboam/뤼~어보우엄/ 르호보암
Ruth/루~쓰/; 룻

S

Salim/**쎌**림/; 살렘
Salmon/**쌔**먼/; 살몬
Shealtiel/시**얼**티얼/; 스알디엘
Simeon/**씨**미언/; 시므온
Simon/**싸**이먼/; 시몬
Solomon/**쏠**러먼/; 솔로몬

T

Thaddaeus/쌔**디**어스/; 다대오
Theophilus/씨**아**펄러스/; 테오필러스, 데오빌로
Thomas/**타**머스/; 도마

U

Uriah/유어**롸**이어/; 우리야
Uzziah/어**자**이어/; 웃시야

Z

Zadok/**제**이닥/; 사독
Zechariah/제커**롸**이어/;
  스가랴, 기원전 6세기 히브리의 예언자
Zerah/**제**롸/; 세라
Zerubbabel/저**뤄**버벌/; 스룹바벨